Lesebuch 8

Lesetraining

Erarbeitet von
Bärbel Döring
Jana Dörschmann
Marion Gutzmann

VOLK UND WISSEN

Zu diesem Arbeitsheft gibt es einen passenden Schülerband (ISBN 978-3-06-061732-6).

Redaktion: Christina Nier
Bildbeschaffung: Angelika Wagener
Illustration (auch Umschlag): Sylvia Graupner, Annaberg-Buchholz
Umschlaggestaltung: werkstatt für gebrauchsgrafik, Berlin
Layoutkonzept: Farnschläder & Mahlstedt, Hamburg
Layout und technische Umsetzung: Uwe Rogal, Berlin

Bilder: 5 Blobel, Brigitte: Bis ins Koma. cbj in der Verlagsgruppe Random House GmbH, München 2011 **8** Bruder, Karin: Zusammen allein. dtv, Reihe Hanser, München 2010 **10** Procházková, Iva: Die Nackten. Sauerländer, Düsseldorf 2008 **12** Preußler, Otfried: Krabat. Thienemann, Stuttgart 2012 **14** Century Fox/ Cinetext, Frankfurt am Main
Texte: 4 Schaubilder aus: 16. Shell-Jugendstudie. Stand: 2010 (Auszug) http://www.shell.de/home/content/deu/aboutshell/our_commitment/shell_youth_study/downloads/ **5 f.** Blobel, Brigitte: Bis ins Koma. cbj in der Verlagsgruppe Random House GmbH, München 2011, S. 103–108 **8 f.** Bruder, Karin: Zusammen allein. dtv, Reihe Hanser, München 2010, S. 27–30 **10 f.** Procházková, Iva: Die Nackten. Sauerländer, Düsseldorf 2008, S. 150–152 **13 ff.** Preußler, Otfried: Krabat. Thienemann, Stuttgart 1981 **19** Kaléko, Mascha: Auf Reisen. Aus: In meinen Träumen läutet es Sturm. © dtv, München 1977. Krüss, James: Wohin? Woher? Aus: K. Doderer: Strandgänge mit James Krüss. Oetinger, Hamburg 1986. Kruse, Max: Lebensweg. Aus: H.-J. Gelberg (Hg.): Wo kommen die Worte her? Beltz & Gelberg, Weinheim & Basel 2011, S. 122 **20** Goethe, Johann Wolfgang von: Hat alles seine Zeit. Aus: Concerto Dramatico. In: Goethes Werk im Kontext (Berliner Ausgabe), Aufbau, Berlin 1978, Band V, S. 148–153. Ausländer, Rose: Langeweile. Aus: R. Ausländer: Dies. Ich höre das Herz des Oleanders. Gedichte 1977–1979, © S. Fischer GmbH, Frankfurt/M. 1984. Schiller, Friedrich: Hoffnung. Aus: G. Kurscheid (Hg.): Friedrich Schiller. Gedichte. Frankfurt/Main: Deutscher Klassiker, 1992, S. 117. Fried, Erich: Angst und Zweifel. Aus: E. Fried: Anfechtungen. Gedichte. Klaus Wagenbach, Berlin 1967 **21** Rauner, Liselotte: Glücklich oder zufrieden? Aus: L. Rauner: Schleifspuren – Gedichte, Epigramme, Sonette. Asso, Oberhausen 1980. Luidl, Philipp: Mit dem Drachen. Aus: P. Luidl: Weitere Gedichte. Maro, Augsburg 2001 **22** Busta, Christine: Kleine Laudatio für einen Kiesel. Aus: C. Busta: Wenn du die Wappen der Liebe malst. Otto Müller, Salzburg 1981. Duderstadt, Matthias: Oh, das Meer. Aus: H.-J. Gelberg (Hg.): Wo kommen die Worte her? Beltz&Gelberg, Weinheim & Basel 2011, S. 136. Manz, Hans: Wörter und Bilder. Aus: H.-J. Gelberg (Hg.): Großer Ozean. Beltz & Gelberg. Weinheim & Basel 2002, S. 137 **24** Heine, Heinrich: Ein Jüngling liebt ein Mädchen. Aus: K. Briegleb (Hg.): Heinrich Heine: Sämtliche Schriften. München: Carl Hanser, 1975, S. 90 f. Goethe, Johann Wolfgang von: Freudvoll. Aus: J. W. v. G.: Egmont. Aus: E. Trunz (Hg.): Johann Wolfgang von Goethe. Werke. Hamburger Ausgabe, dtv, München 1982, Band, IV S. 370 ff. Mai, Manfred: wenn's anfängt. Aus: M. Mai: 1000 Wünsche. Otto Maier, Ravensburg 1986, S. 5 **25** Clormann-Lietz, Nora: Was zum Kuss gehört. Aus: H.-J. Gelberg (Hg.): Oder die Entdeckung der Welt. Beltz & Gelberg, Weinheim & Basel 1997, S. 198. Manz, Hans: Störung. Aus: H.-J. Gelberg (Hg.): Großer Ozean. Beltz & Gelberg, Weinheim & Basel 2002, S. 76 **26** Goethe, Johann Wolfgang von: Zum Sehen geboren. E. Trunz (Hg.): Johann Wolfgang von Goethe. Werke. Hamburger Ausgabe, dtv, München 1982, Band 3, S. 340–343. Manz, Hans: Ich. Aus: H.-J. Gelberg (Hg.): Großer Ozean. Beltz & Gelberg, Weinheim & Basel 2002, S. 77 **27 ff.** Lenz, Siegfried: Die Nacht im Hotel. Aus: Siegfried Lenz: Werkausgabe in Einzelbänden. Bd. 13: Erzählungen 1, 1949–1955. Hoffmann und Campe. Hamburg 1996 **31 f.** Ecke, Wolfgang: Der Parkplatzgangster. Aus: W. Ecke: Club der Detektive. 65 Kriminalfälle zum Selberlösen. Ravensburger, Ravensburg 2003, S. 165 ff. **35** Maxeiner, Thomas: Wandernder Einbrecher. Aus: Mörder gesucht. Krone, Lünen 2008, S. 30 **37 ff.** Schiller, Friedrich: Wilhelm Tell (Auszug). Aus: H.-G. Thalheim (Hg.): Schiller. Sämtliche Werke in zehn Bänden. Berliner Ausgabe. Bd. 5.1. Aufbau, Berlin, Weimar 1990, S. 161–167 **47** Venzke, Andreas: Ein Leben in der Karlsschule. Aus: A. Venzke: Schiller und die Freiheit des Geistes. Arena, Würzburg 2009, S. 14–17 **49 ff.** Schiller, Friedrich: Die Räuber (Auszug). Aus: Sämtliche Werke in zehn Bänden. Band II. Aufbau, Berlin 1981 **55** Goethe, Johann Wolfgang von: Ob ich dich liebe. Aus: E. Trunz (Hg.): Johann Wolfgang von Goethe. Werke. Hamburger Ausgabe, dtv, München 1982. Goethe, Johann Wolfgang von: Balde seh ich Rickgen wieder. Aus: ebenda

Nicht in allen Fällen war es uns möglich, die Rechteinhaber ausfindig zu machen. Berechtigte Ansprüche werden selbstverständlich im Rahmen der üblichen Vereinbarungen abgegolten. Wir bitten um Verständnis.

www.cornelsen.de

Die Webseiten Dritter, deren Internetadressen in diesem Lehrwerk angegeben sind, wurden vor Drucklegung sorgfältig geprüft. Der Verlag übernimmt keine Gewähr für die Aktualität und den Inhalt dieser Seiten oder solcher, die mit ihnen verlinkt sind.

Dieses Werk berücksichtigt die Regeln der reformierten Rechtschreibung und Zeichensetzung.
Bei den mit R gekennzeichneten Texten haben die Rechteinhaber einer Anpassung widersprochen.

1. Auflage, 3. Druck 2024

Alle Drucke dieser Auflage sind inhaltlich unverändert
und können im Unterricht nebeneinander verwendet werden.

Druck: Esser printSolutions GmbH, Bretten

ISBN 978-3-06-062877-3

Inhalt

Vom Erwachsenwerden

Sich zu einem Thema eine Meinung bilden

1 Betrachte die beiden Diagramme.

Was Jugendliche tun, wenn sie Schwierigkeiten oder große Probleme haben
Jugendliche im Alter von 12 bis 25 Jahren (Angaben in %)

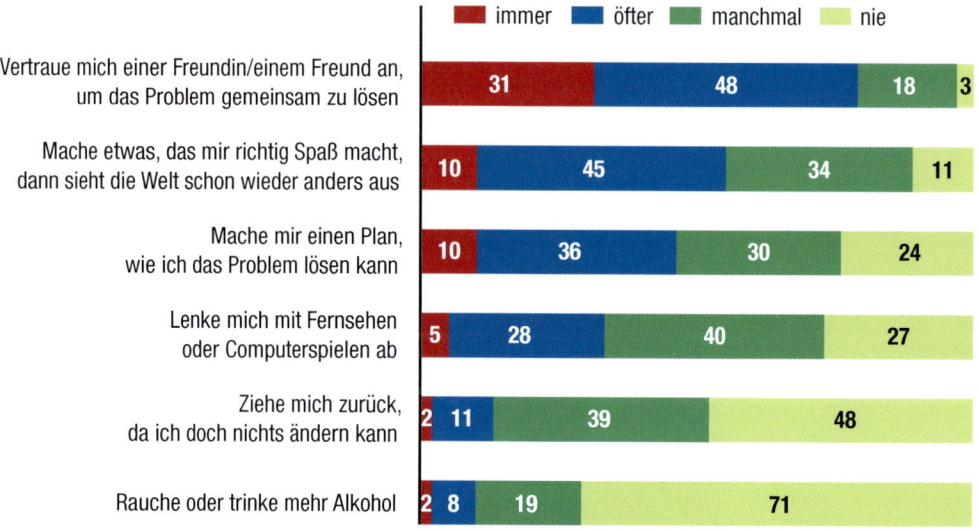

Wertorientierungen: Pragmatisch, aber nicht angepasst
Jugendliche im Alter von 12 bis 25 Jahren (Angaben in %)

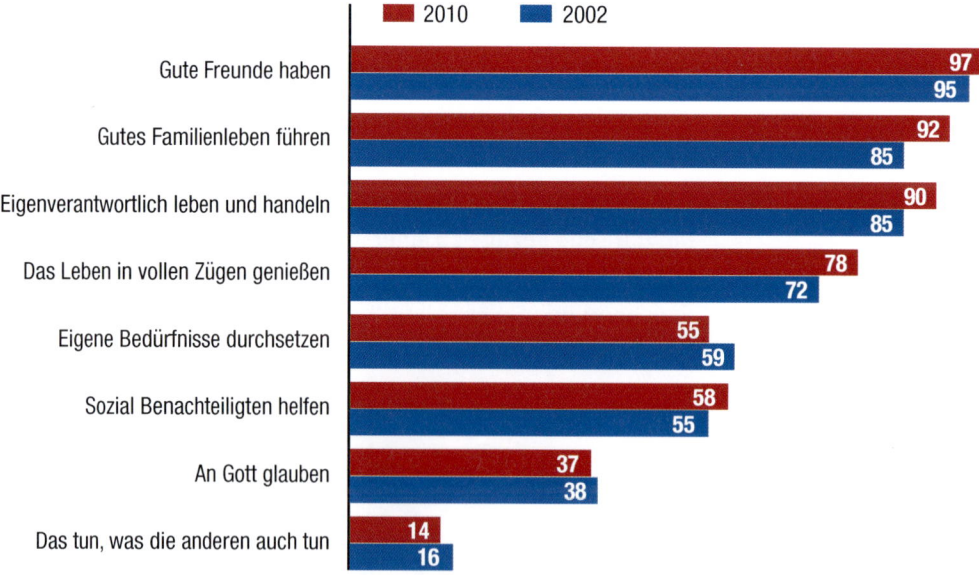

2 Wähle ein Diagramm aus. Notiere in deinem Heft fünf Informationen, die dir wichtig sind.

3 Setze die ausgewählten Informationen zum Thema „Erwachsenwerden" in Beziehung. Schreibe deine Meinung dazu auf.

Das Thema einer Erzählung untersuchen – Aussagen mit Textstellen belegen

1 Lies den Text.

Brigitte Blobel
Bis ins Koma

Marvin, auch Marvel genannt, ein vielversprechender Youngstar einer Daily-Soap, trinkt. Wenn er betrunken ist, fühlt er sich cool, stark und selbstbewusst. Dann sind auch der Dauerstreit seiner geschiedenen Eltern, der Stress in der Schule und seine Minderwertigkeitskomplexe gegenüber Mädchen verschwunden. Bis er in einer Nacht eine Flasche Wodka zu viel trinkt…

Es ist zehn Uhr oder vielleicht elf und stockdunkel. Von seinem Platz unter der Brücke kann er eine Häuserzeile sehen, da ist noch fast jedes Fenster erleuchtet. Was die Leute alle so machen, abends um elf, in ihren Zimmern?
Er schraubt die Flasche wieder auf und setzt sie an die Lippen. Das war die einzige
5 Bewegung in der letzten Stunde: Flasche aufschrauben, Flasche an den Mund setzen, trinken, Flasche wieder zuschrauben. Es ist langweilig. Es ist so still. Er trinkt lieber in Gesellschaft, mit lustigen Leuten wie Mauki und so, die immer mehr in Fahrt kommen, je mehr Alkohol sie intus haben. Und die echt geile Sprüche draufhaben, sodass man was zu lachen hat. Lachen befreit. Lachen tut gut, das lockert die
10 Gesichtsmuskeln. Kein Mensch kann immer nur cool sein. Aber wenn die Typen ihn alle im Stich lassen … […]
Er trinkt, schwenkt dann die Flasche wie einen Preis, wie einen Fernsehpreis. „Danke! Ich danke euch allen! Und ganz besonders dir, Mom!" Bei dieser Vorstellung rollen Marvel Tränen über das Gesicht. Diese Leute im Studio, denkt er, waren
15 gut. Dieser Hotte war gut, die Regisseurin war gut, der Kameramann. Was hat der noch gesagt über seine Bildschirmpräsenz? Niemand hat ja wirklich gewusst, wer er eigentlich ist und was aus einem wie mir werden kann, wenn man ihm eine faire Chance gibt. Ha! Wenn sein Vater das wüsste, dass er mit Leuten wie Horst Burckhardt über so etwas wie einen richtig seriösen Vertrag diskutiert hat! Wenn sein Va-
20 ter wüsste, wie sie ihm da draußen im Studio den roten Teppich ausgerollt haben. Mann, die haben ihm die ganze Produktionsstätte gezeigt. Hätten sie nicht machen müssen. […]
Ja, Papa, wenn du dich nicht aus dem Staub gemacht hättest, wenn du deine Familie nicht zum Teufel gejagt hättest, um irgend so einer neuen Tussi, wie heißt sie
25 noch… Karin? Carmen? Karen? – ach, egal, ein Kind zu machen, dann hättest du jetzt was, auf das du richtig stolz sein könntest! Dein Sohn Marvin! Auf den du scheißt. Dein fünfzehnjähriger Sohn hat ein Casting gewonnen!
30 Gegen dreißig, was sag ich, gegen vierzig gute Leute, die alle diesen Job wollten, die alle diese Rolle haben wollten, aber *ich hab sie gekriegt!* Und eins schwör ich dir, Papa: Ich
35 werde gut sein. Ich werde so gut sein,

dass dir die Augen tränen, wenn du mich im Fernsehen siehst. Und wenn deine blöde neue Tussi mit dem Baby auf dem Arm plötzlich im Wohnzimmer steht und du wie gebannt auf den Bildschirm starrst und sie fragt: Wer ist denn dieser außergewöhnliche Junge? Ja, Papa. Und was sagst du dann? Das ist mein Sohn, den ich

40 nicht mehr kenne und mit dem ich leider keinen Kontakt mehr habe? Mein Sohn, den ich verlassen habe? Den ich aus dem Haus gejagt habe, zusammen mit seiner Mutter, die mich nicht mehr interessiert hat? Und die jetzt einen Scheißjob im Krankenhaus durchziehen muss, weil ich nicht genug Geld an meine alte Familie überweise? Sagst du ihr das? Ja? Kriegst du das hin? Oder bist du auch dazu zu feige,

45 wie du zu feige warst, mir zu sagen, worum es eigentlich ging. Was eigentlich los war mit dir und Mama – und mit mir. Was dir an mir nicht gepasst hat, was du so scheiße fandest, dass du meintest, mich genauso entsorgen zu müssen, wie du Mama entsorgt hast? Ja? [...]

Und die Wodkaflasche hier, die hab ich selbst bezahlt. Verstehst du? Dieses Zeug

50 hab ich von meinem Geld gekauft. Ich leg Mama nicht rein, so wie du sie reingelegt hast. Was bist du für ein Versager! Was bist du für eine Null! Dein Sohn ist neben dir aufgewachsen und du hast das gar nicht bemerkt, was? Wo hast du eigentlich hingeguckt, wenn du mir abends Gute Nacht gesagt hast? Hast du mich je etwas gefragt? Hat dich je irgendetwas aus meinem Leben interessiert? Ich kann mich ver-

55 dammt noch mal an keine Frage erinnern. Ich kann mich verdammt noch mal nicht erinnern, dass du mir je gesagt hast, dass du mich liebst und dass du tagsüber, als du unterwegs warst, Sehnsucht nach mir hattest. Du bist so ein Scheißvater gewesen. Hörst du? Ich kann noch lauter. Ein Scheißvater! Ha. Ja. Das tut gut. Das wollte ich dir immer schon mal sagen. Schade, dass diese Flasche schon halb leer

60 ist. Und schade, dass du nicht da bist. Nicht hier bei mir, unter der Brücke, wo ich sitze. [...]

Ich hab heute einen Vertrag unterschrieben. Und ich sage dir eins, Papa, irgendwann scheiß ich auf dein Geld. Irgendwann ist es mir so was von gottverdammt egal, ob du am Monatsanfang pünktlich den Unterhalt für Mama und mich über-

65 weist oder nicht. Denn dann verdiene ich die Kohle! Ich kauf Mama Klamotten, ich kauf ihr Schmuck. Ein neues Auto. [...]

Mama hat Nachtdienst. Weißt du eigentlich, du Scheißehemann, wie deine Exfrau sich abrackert, um unser Leben zu finanzieren? Weißt du das? Und kannst du mir mal sagen, wieso Oma und Opa bis zum Tod zusammen waren und du es nicht mal

70 vierzehn Jahre mit Mama ausgehalten hast? Egal. Spielt keine Rolle, echt. Geht mir am Arsch vorbei. Mach, was du willst. Ab jetzt wird alles anders. Alles. Papa. Hörst du?

Alles wird anders!

Verdammt, warum kannst du nicht einmal sagen, dass du mir zuhörst? Wieso hast

75 du mir nie zugehört? Wieso hat dich nie interessiert, was ich mal machen will, was ich mal werden will, was für Träume ich habe, was für Pläne? Du scheißt auf mich. Okay. Verstanden. Danke.

Ich muss hier weg. Ich muss nach Hause. Wo ist mein Bett? Ich muss schlafen. Ich bin fertig. Alle. Kaputt. O Scheiße, ist mir schlecht. Kann mir mal einer hochhelfen?

80 Das ist so glitschig hier. [...]

O Scheiße, jetzt ist die Flasche ins Wasser gerollt.

Hey, wo seid ihr denn? Habt ihr noch was zu trinken für mich ...

2 Welche Themen werden in diesem Textausschnitt angesprochen? Kreuze an.

☐ Konflikte   ☐ Liebe   ☐ Trennung   ☐ Sucht

☐ Einsamkeit   ☐ Außenseiter   ☐ Umwelt   ☐ Sport

3 Wähle ein Thema aus und setze es zu den Aussagen der Diagramme von S. 4 in Beziehung. Schreibe deine Meinung dazu auf.

_____

_____

_____

4 Was erfährst du über Marvin? Markiere im Text auf den Seiten 5 und 6 mit verschiedenen Farben, was du über Marvin, über seine Familie und über seine Freunde erfährst.

5 Ordne die Informationen in das Schaubild ein.

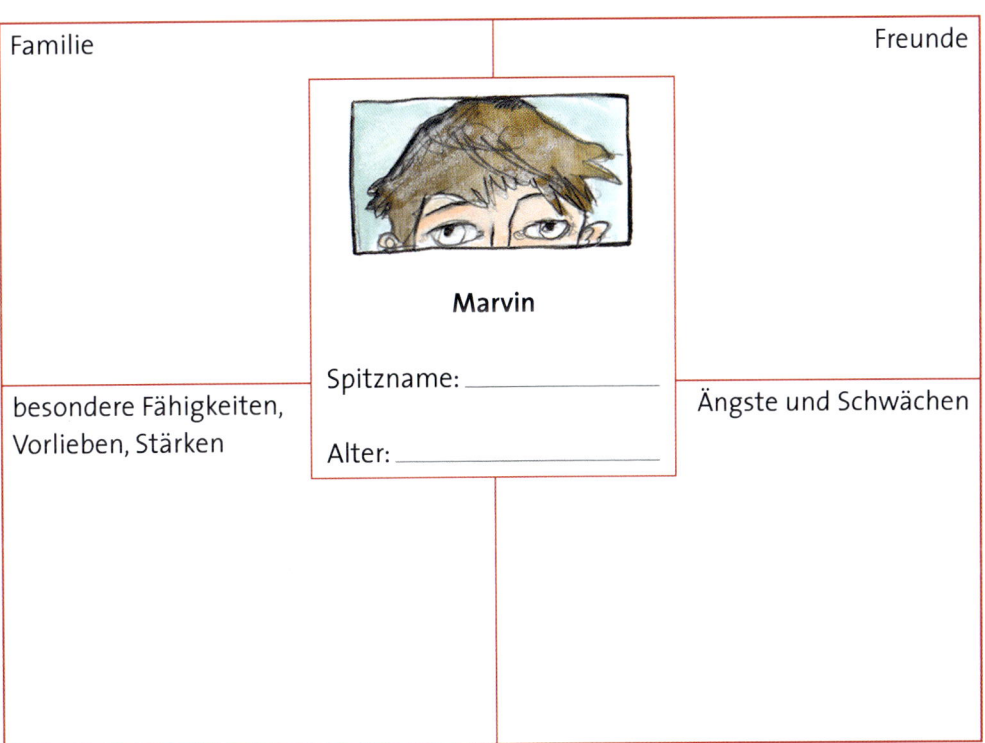

Familie   Freunde

Marvin

Spitzname: _____

Alter: _____

besondere Fähigkeiten, Vorlieben, Stärken   Ängste und Schwächen

6 Wie hätte sich Marvin seine Kindheit gern gewünscht?
Schreibe einen kurzen Text in dein Heft.

7 Stell dir vor, Marvin spricht mit einem Freund/einer Freundin über seinen Kummer.
Wähle eine der beiden Aufgaben aus.

- Überlege, wie du Marvin trösten bzw. aufmuntern würdest. Notiere deine Gedanken bzw. entwirf einen Gutschein. Arbeite im Heft.
- Schreibe eine kleine Szene über dieses Gespräch in dein Heft.

Sich über historische Sachverhalte und eine Autorin informieren

1 Lies den Text.

Karin Bruder
Zusammen allein

Rumänien 1987: Die Bevölkerung leidet immer mehr unter dem sinkenden Lebensstandard und der Securitate. Als ihre Eltern, Rumäniendeutsche, in die BRD flüchten, steht Agnes plötzlich allein da. Notdürftig kommt sie zunächst bei einer Tante unter. Hier fühlt sich Agnes aber nicht wohl. Sie macht sich auf den Weg zur Großmutter, mit der bisher niemand in der Familie etwas zu tun haben wollte.

„Was hast du getan?", fragte Gicuonkel drei Wochen später. Ich dachte an die leeren Gläser, ich dachte an die verbrannten Zeitschriften. Wenigstens den Katalog hätte ich leben lassen sollen. „Du blöde Kuh hast in der Schule herumerzählt, dass du bei uns wohnst, der Hausmeister hat es mir erzählt." Erstaunt schaute ich vom Abend-
5 essen auf. Selbst der halbseitig gelähmte Großvater vergaß seinen Getreidebrei zu löffeln. „Joi, sowieso wissen sie es. Wieso dieser Wind?", bremste ihn meine Tante. „Oder glaubst du, dass irgendetwas in diesem Land passiert, von dem sie nichts wissen? In jeder Kakerlake steckt eine Wanze." Doch ihr Mann, dem ich beleidigt den Titel: „Mein ehemaliger Onkel" verliehen hatte, war nicht zu bremsen. Wie ein
10 Auto mit gelöster Handbremse rollte er den Berg hinunter, direkt auf mich zu. „Die können es von mir aus wissen, doch die ganze Stadt muss es nicht erfahren. Ich bin Briefbote gewesen, man kennt mich, man wird mich schräg anschauen, wenn ich eine Saboteurin beherberge."
„Was redest du, du Depp? Ihre Eltern haben nur das Land verlassen, wie du das am
15 liebsten auch machen würdest." „So, würde ich das, woher willst du das wissen? Und red noch lauter, damit es auch die Nachbarn hören. Damit ich meine Stelle wieder wechseln muss. Ihr Sachsen seid unser Untergang. Aber jetzt sind wir die Herren, klar?" Sein Blick traf mich wie ein Messer. „Klar?", wiederholte er lautstark. Alle Nachbarn konnten es hören. Die Zwillinge bissen sich auf die Lippen, sie grins-
20 ten ein bisschen, sie fürchteten sich ein bisschen. Die Hand ihres Vaters war schnell, und man wusste nie, wo sie landen würde. [...]
Ich war aufgesprungen, was ein Fehler war. Meine Beine zitterten. „Keinen Ärger. Die Gäste, die man nicht bemerkt, sind mir die liebsten", plusterte er sich auf. Nun reichte es auch meiner Tante. Auch sie erhob sich, versuchte zu beschwichti-
25 gen, versuchte einzulenken. Nichts sei geschehen, absolut nichts, betonte sie, und ihre Stimme nahm jene Festigkeit an, die zu ihrer Körpermasse passte. Doch dann holte mein ehemaliger Onkel zu einem neuen Schlag aus und beendete jede mögliche Versöhnung. „Aber sie frisst für zwei, dabei bekommen wir nur für eine bezahlt und das auch noch sehr knapp. Hast du gehört, knapp. Ihre Eltern sind Geizhälse.
30 Sie sitzen wie die Maden im Speck, und uns haben sie vergessen." Mit einem Ruck wandte er sich wieder mir zu. [...]
„Hast du schon ein Paket bekommen, hast du? Ich jedenfalls hab keins gesehen."
„Mamusch ist erst seit ein paar Wochen weg. Sie wird Pakete schicken, sie wird Geld schicken." „Hoffentlich bald, sonst ..." „Was sonst?" „Sonst kannst du zu deiner
35 Großmutter, der Hure, ziehen, kapiert. Die weiß sowieso nicht, wohin mit ihrem Zaster."

Es war heraus, das lang gehütete Familiengeheimnis. Ein Zischen machte die Runde am Tisch. [...]

So erfuhr ich bei einem verpatzten Abendessen, drei Wochen nachdem ich zu fast
40 hundert Prozent Vollwaise geworden war, dass eine meiner Großmütter, die den Beinamen „die Hure" trug, noch lebte, dass sie in Kronstadt lebte und dass sie reich war.

Noch am selben Abend, als sich die Ränder der Altstadt unter der Hohen Zinne duckten, stand ich mit meinem hässlichen Koffer vor ihrer Tür. [...]
45 Ich würde morgens zu Fuß in die Schule gehen können.

2 Informiere dich im Glossar über den historischen Sachverhalt des Romans. Welche Bezeichnungen findest du auch im Textauszug? Kreuze an und ergänze die Zeile.

x	Bezeichnung	Erklärung	Zeile
☐	Kronstadt	deutsche Bezeichnung einer Stadt im Südosten Siebenbürgens in den rumänischen Karpaten	
☐	Rumänien-deutsche	Sammelbezeichnung für die deutschsprachigen Minderheiten in Rumänien	
☐	Rumänische Revolution	Kette von Demonstrationen und blutigen Kämpfen, die im Dezember 1989 zum Sturz und zur Hinrichtung des rumänischen Diktators Ceaușescu und zum Ende des sozialistischen Systems in Rumänien führte	
☐	Securitate	rumänischer Geheimdienst, der mit großer Brutalität vorging	
☐	Siebenbür-ger Sachsen	siedelten seit dem 12. Jahrhundert in der Region Siebenbürgen und bildeten bis ins 19. Jahrhundert hinein die Mehrheit der Stadtbevölkerung von Kronstadt	
☐	Wanze	elektronische Sender, welche in Räumen oder Telefonen installiert werden, um verdeckt Gespräche abhören zu können	

3 Die Autorin Karin Bruder wurde in Kronstadt geboren. Ihre Muttersprache ist Siebenbürgener Dialekt. Als sie zehn Jahre alt war, verließen ihre Eltern Rumänien und gingen in den Westen. Markiere im Romanauszug, welche persönlichen Erfahrungen in die Erzählung eingeflossen sein könnten.

4 Wähle eine der beiden Aufgaben aus.

● • Recherchiere zum Leben und zu den Werken der Autorin Karin Bruder. Notiere die Informationen in deinem Heft.

●●● • Gestalte einen Vortrag über Leben und Werk der Autorin. Stelle dabei Bezüge der Biografie zum Roman „Zusammen allein" her.

Teste dich selbst!

1 Lies den Text.

Iva Procházková
Die Nackten

Die Geschichte spielt in einem sehr heißen Sommer in Berlin und in einem tschechischen Dorf an der Elbe und erzählt von fünf jungen Leuten zwischen 16 und 18 Jahren. Wie verschieden auch ihre Probleme zu Hause sind, eines haben sie gemeinsam: Ihre Welt verändert sich gerade dramatisch, denn sie stecken zwischen Kindheit und Erwachsensein. Im folgenden Textauszug geht es um Robin, einen Jungen, der sich fast immer im Griff hat. Er kann es jedoch seinem Vater nie recht machen. Robin ist von der Schule geflogen, weil er angeblich auf einer Klassenfahrt ein Mädchen vergewaltigt hat – doch die Sache ist viel komplizierter.

„Noch vor einem Jahr hatte Mutter keinen blassen Schimmer davon. Sie sind erst drauf gekommen, als sie mit einem Herzinfarkt im Krankenhaus war."
„Vielleicht hatte sie das vorher nicht." „Kann sein", antwortet Robin. Er gibt sich Mühe, dem Thema nicht auszuweichen, er will vor dem Bruder nichts vertuschen.
5 [...] „Ich bin kein Arzt, aber ich würde sagen, dass es möglich ist. Vielleicht hat sich das erst in der letzten Zeit entwickelt."
„Oder sie hatte es, aber nur ganz schwach. Kann doch sein, dass das Herz nur ein bisschen spinnt und sie es einfach nicht bemerkt hat, verstehst du?"
„Ich verstehe", stimmt Robin ihm zu. Genauso hatte er gestern Abend seinem Vater
10 im Krankenhaus geantwortet. Es war kein richtiges Gespräch, denn aus dem Vater sprudelte ein Vorwurf nach dem anderen heraus. Ein endloser Wortschwall. Nach außen hin gelang es Robin, Ruhe zu bewahren, aber innerlich war er ein Pulverfass. Nein, ich verstehe nicht! Ich versteh dich überhaupt nicht, Vater! Als er sich danach vom Vater abwandte und zum Aufzug ging, waren seine Lippen krampfhaft zusam-
15 mengepresst. Er hatte Angst zu explodieren. [...] Erst als er draußen vor der Klinik war und dem erstbesten Mülleimer einen heftigen Fußtritt verpasste, sank der innere Druck unter die Explosionsgrenze. Aber davon brauchte Emil nichts zu wissen. Sein Verhältnis zur Autorität der Eltern ist noch immer eine Mischung aus Bewunderung und harmloser Kritik. Er hat nicht [...] Robins leidenschaftliches
20 Bedürfnis, den Vater zu überzeugen, Anerkennung von ihm zu bekommen und sein Misstrauen zu beseitigen.
„Wie konntest du mir das verschweigen, Robin?"
Der Besucherkittel der Intensivstation verlieh dem Vater ein unpersönliches Aussehen, was
25 ihn aber auch nicht hinderte, seinen Gefühlen freien Lauf zu lassen. Seine Stimme schwankte zwischen Verständnislosigkeit und Getroffenheit. „Du hast mich enttäuscht. Ich dachte, ich kann mich auf dich verlassen."
30 Das hast du nicht gedacht, du Lügner!, brannte es Robin auf der Zunge, aber er sagte es nicht. Stattdessen bemühte er sich um eine Erklärung,

wie üblich eine wenig überzeugende. „Wir wollten dir keine unnötige Angst machen."

35 „Unnötige Angst? Denkst du, dass Angst um einen Menschen zu haben, den du liebst, unnötig ist?" „Der Arzt hat mir versichert ..."

„Du begreifst immer noch nicht, wovon ich rede!" Vaters Hand schiebt Robin weiter weg, damit das Gespräch nicht bis in Mutters Zimmer zu hören ist. „Sie hat das Bewusstsein verloren, wurde mit dem Rettungswagen ins Krankenhaus gebracht ...

40 Verdammt, meinst du nicht, dass dies schon alleine Grund genug ist, auch wenn das Herz dabei keine Rolle spielte? Du hättest mich unverzüglich anrufen müssen. Un-ver-züg-lich!"

„Mama wollte es nicht. Sie sagte, du würdest gleich ins Auto springen und herkommen."

45 „Natürlich, ist doch klar!"

„Ihr hättet zwei Tage verloren. Die letzten Tage deines Urlaubs. Mama wollte sie dir nicht nehmen. Sie hat mich gebeten, keine Panik zu machen, und ich ..."

„Und du hast selbstverständlich keine eigene Meinung." Ein ironisches Kopfnicken und ein Seufzer begleiten Vaters Worte. „Wann wirst du endlich begreifen, dass

50 dich das Leben immer wieder mit Situationen konfrontieren wird, in denen du selbst entscheiden musst und die Verantwortung nicht anderen überlassen kannst? Stell dir vor, es wäre plötzlich etwas schiefgegangen, Mutters Zustand hätte sich verschlechtert und ich hätte im Harz gesteckt! Es ist reiner Zufall, dass ich einen Tag früher zurückgekommen bin."

55 Reiner Zufall! Robin glaubte es ihm nicht. Viel wahrscheinlicher ist, dass Vaters vorzeitige Rückkehr etwas mit seiner Kanzlei zu tun hat, konkret mit seiner Einstellung, dass ohne ihn gar nichts funktionierte. Nirgendwo kommt man ohne ihn zurecht – er ist unentbehrlich.

2 Erwachsenwerden bedeutet, Verantwortung für das eigene Handeln zu übernehmen.
Stelle diese Aussage zum Textauszug in Beziehung. Notiere deine Gedanken.

_____

_____

_____

3 Robin fällt es schwer, sich gegen seinen autoritären Vater durchzusetzen.
Belege diese Aussage mit Textstellen. Notiere die Zeilenangaben.

Beleg zur Aussage	Zeilen

4 Der Vater meint, dass Robin keine eigene Meinung hätte. Was meinst du?
Schreibe in dein Heft.

„Krabat" – Vom Buch zum Film

Krabat als Sagengestalt, literarische Figur und Filmheld

1 Lies den Text über Krabat. Markiere im Text, welche historischen Fakten der Sage möglicherweise zugrunde liegen. Ergänze die Antwort unter dem Text.

Krabat – eine Sagenfigur wird zum Filmhelden

Krabat ist die bekannteste Sagenfigur der Lausitz. Möglicherweise haben die Erzählungen um ihn einen historischen Kern. Ein gewisser Johannes Schadowitz, der im 17. Jahrhundert in Kroatien[1] geboren wurde, bekam für seine Verdienste vom sächsischen Kurfürsten ein Landgut in der Nähe von Hoyerswerda geschenkt.

5 Wegen seines Aussehens wurde er als Zauberer angesehen und bald schon rankten sich viele wundersame Legenden um ihn.

Daraus entstand später die Sage um Krabat, der sich mit dunklen Mächten einlässt. Zu Beginn erzählt die Sage, wie Krabat als armes Kind durch den Wald streift und zur Schwarzen Mühle gelangt. Er verdingt sich beim Schwarzen Müller und

10 verstrickt sich immer mehr in dessen dunkle Machenschaften. Aber es gelingt ihm schließlich, sich selbst zu befreien, und er besiegt den Schwarzen Müller. Die Liebe seiner Mutter, aber auch seine eigene Entschlossenheit haben ihm dabei geholfen.

Autoren, Schriftsteller und Regisseure nehmen die Sage um Krabat immer wieder

15 gern als Grundlage für Jugendbücher, Hörspielfassungen, Dramatisierungen und Verfilmungen. 2008 kam der wohl bekannteste Film „Krabat" unter der Regie von Marco Kreuzpaintner in die deutschen Kinos, eine Verfilmung des gleichnamigen Jugendbuchs, das Otfried Preußler 1971 geschrieben hat.

Neben Otfried Preußler hat sich auch der sorbische Schriftsteller Jurij Brězan mit

20 dem Sagenstoff beschäftigt. Ihn faszinierten die Legenden aus seiner Heimat so, dass er sie in drei Büchern verarbeitete: „Die Schwarze Mühle" (1968), „Krabat oder die Verwandlung der Welt" (1976) sowie „Krabat oder Die Bewahrung der Welt" (1993).

Dem Text nach beruht die Legende auf _____

_____

_____

[1] Der Name Krabat wurde mündlich überliefert und ist wohl aus dem Begriff „Kroate" (sorbisch: Chorwat) entstanden.

2 Lies die Einführung und den Beginn des Romans. Unterstreiche die Wörter, die erklären, wann die Geschichte beginnt und wo sie spielt.

Otfried Preußler
Krabat

Im Jugendbuch „Krabat" von Otfried Preußler irrt der vierzehnjährige Junge am Ende eines langen Krieges durch das verwüstete Deutschland. Er hungert und friert. Seine Eltern sind tot, sie fielen der Pest zum Opfer. Im Traum hört er eines Nachts einen geheimnisvollen Ruf, dem er folgt und der ihn zur Schwarzen Mühle lockt.

Es war in der Zeit zwischen Neujahr und dem Dreikönigstag.
Krabat, ein Junge von vierzehn Jahren damals, hatte
sich mit zwei anderen wendischen Betteljungen
zusammengetan, und obgleich Seine durchlauch-
5 tigste Gnaden, der Kurfürst von Sachsen, das
Betteln und Vagabundieren in Höchstderoselben
Landen bei Strafe verboten hatten (aber die Richter
und sonstigen Amtspersonen nahmen es glückli-
cherweise nicht übermäßig genau damit), zogen sie
10 als Dreikönige in der Gegend von Hoyerswerda von
Dorf zu Dorf: Strohkränze um die Mützen waren
die Königskronen; und einer von ihnen, der lustige
kleine Lobosch aus Maukendorf, machte den
Mohrenkönig und schmierte sich jeden Morgen mit
15 Ofenruß voll. Stolz trug er ihnen den Bethlehemstern
voran, den Krabat an einen Stecken genagelt hatte.

TIPP
Finde heraus, um
welchen Krieg es
sich handelt.

3 Informiere dich zu Zeit und Ort der Geschichte. Notiere stichpunktartig.

Zeit: _____

Ort: _____

4 Markiere dir unbekannte Wörter im Text und kläre sie mithilfe des Wörterbuchs.

5 Lies weiter, wie Krabat zu der Mühle gelangt. Wie wird die Atmosphäre beschrieben,
die ihn umgibt? Markiere die Aussagen im Text.

Krabat tappte ein Stück durch den Wald wie ein Blinder im Nebel, dann stieß er auf
eine Lichtung. Als er sich anschickte, unter den Bäumen hervorzutreten, riss das
Gewölk auf, der Mond kam zum Vorschein, alles war plötzlich in kaltes Licht ge-
taucht. Jetzt sah Krabat die Mühle. Da lag sie vor ihm, in den Schnee geduckt, dun-
5 kel, bedrohlich, ein mächtiges, böses Tier, das auf Beute lauert. ‚Niemand zwingt
mich dazu, dass ich hingehe', dachte Krabat. Dann schalt er sich einen Hasenfuß,
nahm seinen Mut zusammen und trat aus dem Waldesschatten ins Freie. Beherzt
schritt er auf die Mühle zu, fand die Haustür verschlossen und klopfte. Er klopfte
einmal, er klopfte zweimal: Nichts rührte sich drinnen. Kein Hund schlug an, keine
10 Treppe knarrte, kein Schlüsselbund rasselte – nichts. Krabat klopfte ein drittes Mal,
dass ihn die Knöchel schmerzten. Wieder blieb alles still in der Mühle. Da drückte
er probehalber die Klinke nieder: Die Tür ließ sich öffnen, sie war nicht verriegelt,
er trat in den Hausflur ein.
Grabesstille empfing ihn und tiefe Finsternis. Hinten jedoch, am Ende des Ganges,
15 etwas wie schwacher Lichtschein. Der Schimmer von einem Schimmer bloß. ‚Wo
Licht ist, werden auch Leute sein', sagte sich Krabat. Die Arme vorgestreckt, tastete
er sich weiter. Das Licht drang, er sah es im Näherkommen, durch einen Spalt in
der Tür, die den Gang an der Rückseite abschloss. Neugier ergriff ihn, auf Zehen-
spitzen schlich er sich zu der Ritze und spähte hindurch. Sein Blick fiel in eine
20 schwarze, vom Schein einer einzigen Kerze erhellte Kammer. Die Kerze war rot.

Sie klebte auf einem Totenschädel, der lag auf dem Tisch, der die Mitte des Raumes einnahm. Hinter dem Tisch saß ein massiger, dunkel gekleideter Mann, sehr bleich im Gesicht, wie mit Kalk bestrichen; ein schwarzes Pflaster bedeckte sein linkes Auge. Vor ihm auf dem Tisch lag ein dickes, in Leder eingebundenes Buch, das an
25 einer Kette hing: Darin las er. Nun hob er den Kopf und starrte herüber, als habe er Krabat hinter dem Türspalt ausgemacht. Der Blick ging dem Jungen durch Mark und Bein. Das Auge begann ihn zu jucken, es tränte, das Bild in der Kammer verwischte sich. Krabat rieb sich das Auge – da merkte er, wie sich ihm eine eiskalte Hand auf die Schulter legte, von hinten, er spürte die Kälte durch Rock und Hemd
30 hindurch. Gleichzeitig hörte er jemanden mit heiserer Stimme auf Wendisch sagen: „Da bist du ja!"
Krabat zuckte zusammen, die Stimme kannte er. Als er sich umwandte, stand er dem Mann gegenüber – dem Mann mit der Augenklappe. Wie kam der auf einmal hierher? Durch die Tür war er jedenfalls nicht gekommen. Der Mann hielt ein Ker-
35 zenlicht in der Hand. Er musterte Krabat schweigend, dann schob er das Kinn vor und sagte: „Ich bin hier der Meister. Du kannst bei mir Lehrjunge werden, ich brauche einen. Du magst doch?" „Ich mag", hörte Krabat sich antworten. Seine Stimme klang fremd, als gehörte sie gar nicht ihm. „Und was soll ich dich lehren? Das Müllern – oder auch alles andere?", wollte der Meister wissen. „Das andere auch", sagte
40 Krabat. Da hielt ihm der Müller die linke Hand hin. „Schlag ein!"
In dem Augenblick, da sie den Handschlag vollzogen, erhob sich ein dumpfes Rumoren und Tosen im Haus. Es schien aus der Tiefe der Erde zu kommen. Der Fußboden schwankte, die Wände fingen zu zittern an, Balken und Pfosten erbebten. Krabat schrie auf, wollte weglaufen: weg, bloß weg von hier! – doch der Meister vertrat
45 ihm den Weg. „Die Mühle!", rief er, die Hände zum Trichter geformt. „Nun mahlt sie wieder!"

6 Wie erlebt Krabat die erste Begegnung mit der Mühle und dem Müller? Schreibe wenige Sätze.

_____

_____

_____

7 Betrachte das Filmbild. Welche Stimmung vermittelt es?

_____

_____

_____

_____

8 Versetze dich in Krabats Situation und schildere die erste Begegnung mit dem Müller aus deiner Sicht. Schreibe in dein Heft.

Eine Literaturszene dramatisieren

1 Das Messer von Tonda, dem Altgesellen in der Mühle, spielt im Roman eine große Rolle. Lies, welche Beobachtung Krabat macht.

In der zweiten Oktoberhälfte war es noch einmal sonnig und warm geworden, fast wie im Spätsommer. Sie nutzten die schönen Tage, um ein paar Fuder Torf zu holen. Juro spannte die Ochsen ein, Staschko und Krabat beluden das Fuhrwerk mit Brettern und Holzbohlen, auch zwei Schubkarren packten sie auf. Dann kam Tonda
5 hinzu und sie fuhren los. Der Torfstich lag draußen, im oberen Teil des Koselbruchs jenseits des Schwarzen Wassers. Krabat hatte im Sommer mit einigen anderen dort gearbeitet, während der heißesten Zeit des Jahres. Im Umgang mit Stechscheit und Torfmesser ungeübt, hatte er Michal und Merten geholfen, die schwarzen, fettig glänzenden Torfziegel aus der Kuhle herauszukarren und aufzuschlichten. [...] Am
10 Rand des Torfplatzes stand ein Bretterschuppen, dort waren die trockenen Torfziegel aus dem Vorjahr gelagert. Die Burschen brachten sie schubkarrenweise zum Wagen, wo Juro sie auf das Fuhrwerk umpackte. War es beladen, dann kletterte er aufs Sitzbrett, rief „Wüüüh!" und die Ochsen zockelten los, gemächlich der Mühle zu. Die Zeit bis zu Juros Rückkehr verwendeten Tonda, Staschko und Krabat darauf,
15 den im Sommer gestochenen Torf in den Schuppen zu bringen und einzuschlichten. Sie brauchten sich nicht zu beeilen damit und das brachte den Jungen auf einen Gedanken. Er fragte den Altgesellen und Staschko, ob sie es ihm erlauben würden, für kurze Zeit wegzugehen.
„Wohin?"
20 „In die Pilze. Ihr braucht nur zu pfeifen, dann komme ich gleich zurück."
„Wenn du glaubst, dass du welche findest ..."
Tonda war einverstanden und Staschko auch.
„Hoffentlich", rief er, „hast du ein langes Mes-
25 ser mit!" „Wenn ich eins hätte, würde ich's mitnehmen", meinte Krabat. „Dann leih ich dir meines", sagte der Altgesell. „Da – und verlier es nicht!" Er zeigte ihm, wie sich das Messer mit einem Druck auf die Schalen des Griffes öffnen ließ. Die Klinge schnappte heraus, sie war schwärzlich verfärbt, als ob Tonda sie über den Docht einer brennenden Kerze gehalten hätte. „Jetzt du!" Damit schloss er das Messer wie-
30 der und gab es dem Jungen. „Lass sehen, ob du damit zurechtkommst!" Als Krabat die Klinge aufschnappen ließ, war sie blank und unverfärbt. „Hast du was?", fragte Staschko. „N-nein", sagte Krabat. Er musste sich wohl getäuscht haben.

2 Fasse den Inhalt des Romanauszugs mit wenigen Sätzen zusammen.

_____

_____

_____

_____

_____

3 Lies einen weiteren Auszug aus dem Roman. Markiere mit unterschiedlichen Farben die wörtliche Rede.

Am Abend des vierten Tages fuhr Staschko mit Juro heim, auf der letzten Torffuhre, während Tonda und Krabat zu Fuß nach der Mühle zurückkehrten, einen kürzeren Pfad wählend, der sie quer durch das Moor führte. Über den Torfkuhlen und den Tümpeln brauten die ersten Nebel. Der Junge war froh, als sie endlich auf festen
5 Boden kamen, das war in der Nähe des Wüsten Planes. Von jetzt an konnten sie nebeneinander gehen. Es war eine Gegend, die von den Müllerburschen gemieden wurde, aus welchen Gründen, war Krabat unbekannt. Er entsann sich des Traumes von seiner Flucht. War da nicht etwas mit Tonda gewesen – mit einer Stelle hier draußen, wo sie den Altgesellen begraben hatten? Doch Tonda, gott-
10 lob, ging an seiner Seite, er lebte. „Ich möchte dir etwas schenken, Krabat." Der Altgesell zog sein Klappmesser aus der Tasche. „Zum Andenken." „Wirst du uns denn verlassen?", fragte der Junge. „Vielleicht", sagte Tonda. „Aber der Meister! Ich kann mir nicht denken, dass er dich ziehen lässt."
15 „Manches geschieht, was sich mancher nicht denken kann", sagte Tonda.
„So darfst du nicht sprechen!", rief Krabat. „Bleib mir zuliebe! Ich kann es mir auf der Mühle nicht vorstellen ohne dich." „Manches im Leben", sagte der Altgesell, „kann sich mancher nicht vorstellen, Krabat. Man muss damit fertig werden."
20 Der Wüste Plan war ein freies Geviert, kaum größer als eine Tenne, an dessen Rändern verkrüppelte Föhren wuchsen. Der Junge erkannte im Dämmerlicht eine Reihe von länglichen flachen Hügeln: wie Gräber auf einem aufgelassenen Friedhof, von Heidekraut überwuchert, ungepflegt, ohne Kreuz und Stein – wessen Gräber wohl? Tonda war stehen geblieben. „Nimm schon", sagte er, Krabat das Messer
25 reichend, und Krabat begriff, dass er sich nicht weigern durfte. „Es hat", sagte Tonda, „eine besondere Eigenschaft, die du kennen musst. Sollte dir je Gefahr drohen – ernste Gefahr –, dann verfärbt sich die Klinge, sobald du sie aufklappst." „Wird sie dann – schwarz?", fragte Krabat. „Ja", sagte Tonda. „Als ob du sie über den Docht einer brennenden Kerze gehalten hättest."

4 Teile diesen Romanauszug in Szenenabschnitte ein. Markiere im Erzähltext diejenigen Informationen, die außer der wörtlichen Rede in eine Spielszene einfließen sollten.

5 Schreibe den Romanauszug zu einer Spielszene um. Gehe so vor:
- Leite aus deinen Szenenabschnitten die Einstellungen und Handlungsschritte ab.
- Ordne die Dialoge aus dem Text den Einstellungen zu.
- Trage alle Angaben in die nebenstehende Tabelle ein.
- Überlege, welche Kameraeinstellungen bzw. Hinweise auf Geräusche und Musik du einsetzen willst, und ergänze die Tabelle.

TIPP
Ein Storyboard ist die zeichnerische Variante eines Drehbuchs, bei der der Handlungsablauf durch einzelne Bildfolgen zeichnerisch dargestellt wird.

●●● **6** Erweitere dein Drehbuch zu einem Storyboard. Beachte, dass die skizzenhafte Darstellung mit der Kameraeinstellung übereinstimmen muss.
Erarbeite die Bildfolgen zu den Einstellungen in deinem Heft.

Einstel-lung	Handlung	Dialoge	Kameraeinstellung	Geräusche/Musik
1				
Einstel-lung	Handlung	Dialoge	Kameraeinstellung	Geräusche/Musik

Teste dich selbst!

1 Lies, wie Kantorka zum Müller geht und Krabat retten will.

Kantorka will Krabat retten

Gegen Abend, es wollte schon dunkeln, fand sich die Kantorka auf der Mühle ein, in der Abendmahlstracht mit dem weißen Stirnband. Hanzo empfing sie und fragte nach ihrem Begehr, sie verlangte den Müller zu sprechen. „Der Müller bin ich." Die Burschen beiseite schiebend, trat ihr der Meister entgegen, in schwarzem

5 Mantel und Dreispitz, bleich im Gesicht, wie mit Kalk bestrichen. „Was willst du?" Die Kantorka blickte ihn furchtlos an. „Gib mir", begehrte sie, „meinen Burschen heraus!" „Deinen Burschen?" Der Müller lachte. Es hörte sich an wie ein böses Meckern, ein Bocksgelächter. „Ich kenne ihn nicht." „Es ist Krabat", sagte die Kantorka, „den ich lieb habe."

2 Schreibe die Szene in einen Dialog um. Verwende nicht nur die wörtliche Rede, sondern überlege, welche Informationen aus dem Erzähltext noch wichtig sind.

3 Ordne Kameraeinstellungen und Illustrationen richtig zu, indem du gleiche Buchstaben oder Ziffern in die Kästchen einträgst.

☐ Detail

☐ Amerikanisch

☐ Halbtotale

☐ Nah

☐ Halbnah

☐ Totale

WORTLISTE
bestimmend
dankbar
energisch
fest
freundschaftlich
herrisch
kräftig
machtvoll
schwach

4 Bereits ein Händedruck kann unterschiedliche Stimmungen und Gefühle ausdrücken (s. Wortliste). Für welche Szene könnten die beiden Zeichnungen als Storyboard für den Film „Krabat" gedient haben? Notiere außerdem, was diese Bilder deiner Meinung nach vermitteln sollen. Arbeite im Heft.

Gedichte damals und heute

Das Thema und die Wirkung eines Gedichts bestimmen

1 Lies die drei Gedichte. Bestimme das Thema.

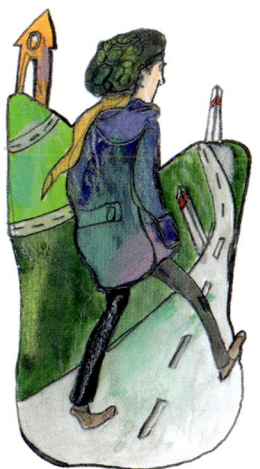

Mascha Kaléko (1907–1975)
Auf Reisen

Ich gehe wieder auf Reisen
Mit meiner leisen
Gefährtin, der Einsamkeit.

Wir bleiben zu zweien einsam
5 Und haben nichts weiter gemeinsam
Als diese Gemeinsamkeit.

Die Fremde ist Tröstung und Trauer
Und Täuschung wie alles. Von Dauer
Scheint Traum nur und Einsamkeit.

James Krüss (1926–1997)
Wohin?
Woher?

Wohin? Woher?
Wohin die Toten gehen?
Wir wissen's nicht.
Warum wir hier noch stehen?
5 Wir wissen's nicht.
Des Ganzen Zweck und Sinn?
Wir wissen's nicht.
Woher, Mensch, und wohin?
Wir wissen's nicht.

Max Kruse (geb. 1921)
Lebensweg

Ich träume,
du träumst,
wir träumen
von nie gesehenen Räumen.

5 Ich gehe,
du gehst,
wir gehen
und bleiben nur selten stehen.

Wir träumen
10 und gehen
in einem fort –
und suchen dabei
nach dem Zauberwort …

2 Überlege, welche unterschiedliche Sicht auf das Unterwegssein deutlich wird.

3 Vergleiche Thema und Stimmung der Gedichte. Ergänze die Tabelle.

Titel des Gedichts	Thema	Stimmung

4 Welches Gedicht wirkt besonders auf dich? Begründe deine Meinung.
Notiere deine Gedanken dazu in deinem Heft.

Die Grundaussage formulieren

1 Lies die sechs Gedichte. Ordne den Gedichten
die passenden Titel zu und schreibe sie auf.

Glücklich oder zufrieden?   **Hoffnung**

Angst und Zweifel   **Mit dem Drachen**

Langeweile   **Hat alles seine Zeit**

A

Johann Wolfgang von Goethe (_____)

_____

Das Nahe wird weit
Das Warme wird kalt
Der Junge wird alt
Das Kalte wird warm
5 Der Reiche wird arm
Der Narre gescheit
Alles zu seiner Zeit

B

Friedrich Schiller (_____)

_____

Es reden und träumen die Menschen viel
Von bessern künftigen Tagen,
Nach einem glücklichen goldenen Ziel
Sieht man sie rennen und jagen.
5 Die Welt wird alt und wird wieder jung.
Doch der Mensch hofft immer Verbesserung!

Die Hoffnung führt ihn ins Leben ein.
Sie umflattert den fröhlichen Knaben,
Den Jüngling begeistert ihr Zauberschein,
10 Sie wird mit dem Greis nicht begraben.
Dann beschließt er im Grabe den müden Lauf,
Noch am Grabe pflanzt er – die Hoffnung auf.

Es ist kein leerer schmeichelnder Wahn,
Erzeugt im Gehirne des Toren.
15 Im Herzen kündet es laut sich an.
Zu was Besserm sind wir geboren,
Und was die innere Stimme spricht,
Das täuscht die hoffende Seele nicht.

C

Rose Ausländer (_____)

_____

Langeweile
was ist das

Du siehst
Menschen
5 Bäume Himmel
hörst Worte Lieder
du bewunderst
ein Bild ein Gedicht
erkennst
10 dass sich alles bewegt
und du bewegt wirst
ein Fünkchen Leben
aus der Lebensflamme

Wie
15 kann es
langweilig sein

D

Erich Fried (_____)

_____

Zweifel nicht
an dem
der dir sagt
er hat Angst

5 aber hab Angst
vor dem
der dir sagt
er kennt keinen Zweifel.

E

Liselotte Rauner (_____)

_____

Als mein Vater
mich zum ersten Mal fragte
was ich mal werden will
sagte ich nach kurzer Denkpause
5 „Ich möchte mal glücklich werden"
Da sah mein Vater sehr unglücklich aus
aber dann bin ich doch was anderes geworden
und alle waren mit mir zufrieden

F

Philipp Luidl
(_____)

_____

_____

_____

Mit dem Drachen
steigt unsere Sehnsucht
die winde zu sprechen

Ihnen entgegenzuhalten
5 eine lange Schnur
und einen Wunsch

Aber nichts ist schwieriger
als einen Wunsch
zum Fliegen zu bringen

2 Formuliere zu jedem Gedicht die jeweilige Grundaussage in einem Satz.

Text	Grundaussage
A	
B	
C	
D	
E	
F	

TIPP
Du kannst das Quellenverzeichnis im Lesebuch nutzen.

3 Suche die Lebensdaten der Dichterinnen und Dichter heraus und schreibe sie neben den jeweiligen Namen.

4 Im Gedicht von Liselotte Rauner wird das lyrische Ich gefragt, was es einmal werden möchte. Wie würdest du antworten? Notiere deine Gedanken.

_____

_____

_____

Sprachliche Bilder erschließen

1 In den folgenden drei Gedichten geht es um Steine.
Woran denkst du bei diesem Begriff? Ergänze den Cluster.

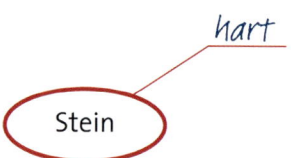

hart

Stein

Christine Busta (1915–1987)
Kleine Laudatio für einen Kiesel

Der Kiesel ist Bote vom Gebirge,
lang war er unterwegs.
Seine Glätte ist Form aus vieler Bedrängnis,
er passt noch nicht in die Sanduhr.

5 Ein Prüfstein der Weltgeschichte ist er,
Sprachgewicht auf der Zunge, entäußert
ganz Gedicht aus Geduld und Härte,
und eine Kinderhand begreift's.

Hans Manz (geb. 1931)
Wörter und Bilder

Das Wort Stein
Dem und jenem,
jener und dieser in den Mund gelegt:
Einem Maurer,
5 einer Gärtnerin,
einem Friedhofsbesucher,
einer Ärztin,
einem Zahnarzt,
einer Kirschenesserin,
10 einem Mühlespieler,
einer Juwelenhändlerin,
einem Hartherzigen,
einer Bildhauerin,
und zugesehen,
15 wie sich die Bilder zum immer
          gleichen Wort verändern.

---

*Matthias Duderstadt
(geb. 1950)*
Oh, das Meer

Am Strand Steine
Große und kleine
Auf dem Wasser
Schwäne + Möwen.
5 Von der Steilküste
Herunter kommen
Drei Amerikanerinnen
Mittleren Alters
Schauen kurz, richten
10 Ihre Digitalkameras
Auf Steine im Meer
Und gehen wieder.

Zwei junge Deutsche
Erscheinen am Ufer
15 Klappen ihre Handys auf
Sie ihrs, er seins
Suchen mit ihnen
Die Steilküste ab
Zeigen sich die Bilder
20 Und gehen wieder.

Fünf ältere Japaner
Steigen herunter
Zielen mit ihren Videokameras auf
Ein junges Schwanenpaar
25 Und gehen wieder.

Zwei ältere Frauen sammeln
Selbstvergessen kleine Steine.

2 Welche Bedeutung hat der Stein in jedem der drei Gedichte?
Notiere deine Gedanken zu den sprachlichen Bildern.

Titel des Gedichts	Bedeutung des Steins in den sprachlichen Bildern

3 Lies noch einmal das Gedicht „Wörter und Bilder".
Schreibe auf, wie sich die Bilder zum immer gleichen Wort Stein verändern.
Ergänze drei Beispiele.

Wenn das Wort Stein einer Ärztin in den Mund gelegt wird, dann …

Wenn das Wort Stein …

Wenn das Wort Stein …

4 Wem könnte man noch einen Stein in den Mund legen?
Ergänze ein eigenes Beispiel.

Wenn das Wort Stein …

Gedichte aus verschiedenen Zeiten vergleichen

1 Die Gedichte auf dieser Doppelseite passen thematisch zueinander, sind aber zu unterschiedlichen Zeiten entstanden. Lies die Texte und vergleiche sie miteinander.

Heinrich Heine (1797–1856)
Ein Jüngling liebt ein Mädchen

Ein Jüngling liebt ein Mädchen,
Die hat einen andern erwählt;
Der andre liebt eine andre
Und hat sich mit dieser vermählt.

5 Das Mädchen heiratet aus Ärger
Den ersten besten Mann,
Der ihr in den Weg gelaufen;
Der Jüngling ist übel dran.

Es ist eine alte Geschichte,
10 Doch bleibt sie immer neu;
Und wem sie just passieret,
Dem bricht das Herz entzwei.

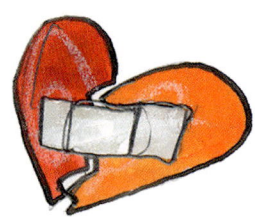

Johann Wolfgang von Goethe (1749–1832)
Freudvoll

Freudvoll
Und leidvoll,
Gedankenvoll sein,
Langen
5 Und bangen
In schwebender Pein,
Himmelhoch jauchzend,
Zum Tode betrübt;
Glücklich allein
10 Ist die Seele, die liebt.

Manfred Mai (geb. 1949)
wenn's anfängt

wenn's
bubbert und bibbert,
kribbelt und krabbelt.

wenn's
5 heiß wird und kalt,
zippelt und zappelt.

wenn's
eng wird und weit
zieht, spannt und drückt,

10 wenn's
weh und gut tut,
wirst du beinah verrückt!

vor Glück!

Nora Clormann-Lietz
(geb. 1934)
Was zum Kuss gehört

Wimpernklimpern
Augenglänzen
Lächeln
Händchenhalten
5 Streicheln
Herzbumpern
rote Ohren
Wonnerieselrückenschauer
Kribbeln
10 bisschen schwitzen
unruhig sitzen
glücklich sein

Hans Manz (geb. 1931)
Störung

Ich liebe dich.
Du liebst ihn.
Er liebt mich.
Und dennoch kann ich
5 nicht einfach sagen:
Wir lieben uns.

2 Wähle zwei Gedichte aus verschiedenen Zeiten aus und vergleiche sie.
Gehe schrittweise vor und ergänze die Tabelle.

Titel		
Autor/-in, Zeit		
Thema		
Aussage		
Stimmung		
Form		
Sprache		

Teste dich selbst!

1 Lies die beiden folgenden Gedichte.

*Johann Wolfgang von Goethe
(1749–1832)*
Zum Sehen geboren

Zum Sehen geboren,
Zum Schauen bestellt,
Dem Turme geschworen,
Gefällt mir die Welt.
5 Ich blick' in die Ferne,
Ich seh' in der Näh'
Den Mond und die Sterne,
Den Wald und das Reh.
So seh' ich in allen
10 Die ewige Zier,
Und wie mir's gefallen,
Gefall ich auch mir.
Ihr glücklichen Augen,
Was je ihr gesehn,
15 Es sei, wie es wolle,
Es war doch so schön!

Hans Manz (geb. 1931)
Ich

Ich: Träumerisch, träge,
schlafmützig, faul.
Und ich: Ruhelos, neugierig,
hellwach, betriebsam.
5 Und ich: Kleingläubig, feige,
zweiflerisch, hasenherzig.
Und ich: unverblümt, frech,
tapfer, gar mutig.
Und ich: Mitfühlend, zärtlich,
10 hilfsbereit, beschützend.
Und ich: Launisch, gleichgültig,
einsilbig, eigenbrötlerisch. –
Erst wir alle zusammen sind ich.

2 Vergleiche die Gedichte miteinander. Ergänze die Tabelle.

Titel		
Autor, Zeit		
Thema		
Aussage		
Stimmung		
Form		
Sprache		

Auf Spurensuche in Kriminal- und Kurzgeschichten

Eine Kurzgeschichte analysieren

1 Lies den folgenden Text.

Siegfried Lenz
Die Nacht im Hotel

Der Nachtportier strich mit seinen abgebissenen Fingerkuppen über eine Kladde, hob bedauernd die Schultern und drehte seinen Körper zur linken Seite, wobei sich der Stoff seiner Uniform gefährlich unter dem Arm spannte.
„Das ist die einzige Möglichkeit", sagte er. „Zu so später Stunde werden Sie
5 nirgendwo ein Einzelzimmer bekommen. Es steht Ihnen natürlich frei, in anderen Hotels nachzufragen. Aber ich kann Ihnen schon jetzt sagen, daß wir, wenn Sie ergebnislos zurückkommen, nicht mehr in der Lage sein werden, Ihnen zu dienen. Denn das freie Bett in dem Doppelzimmer, das Sie – ich weiß nicht, aus welchen Gründen – nicht nehmen wollen, wird dann auch einen Müden gefunden haben."
10 „Gut", sagte Schwamm, „ich werde das Bett nehmen. Nur, wie Sie vielleicht verstehen werden, möchte ich wissen, mit wem ich das Zimmer zu teilen habe; nicht aus Vorsicht, gewiß nicht, denn ich habe nichts zu fürchten. Ist mein Partner – Leute, mit denen man eine Nacht verbringt, könnte man doch fast Partner nennen – schon da?"
15 „Ja, er ist da und schläft."
„Er schläft", wiederholte Schwamm, ließ sich die Anmeldeformulare geben, füllte sie aus und reichte sie dem Nachtportier zurück; dann ging er hinauf.
Unwillkürlich verlangsamte Schwamm, als er die Zimmertür mit der ihm genannten Zahl erblickte, seine Schritte, hielt den Atem an, in der Hoffnung, Geräusche,
20 die der Fremde verursachen könnte, zu hören, und beugte sich dann zum Schlüsselloch hinab. Das Zimmer war dunkel. In diesem Augenblick hörte er jemanden die Treppe heraufkommen, und jetzt mußte er handeln. Er konnte fortgehen, selbstverständlich, und so tun, als ob er sich im Korridor geirrt habe. Eine andere Möglichkeit bestand darin, in das Zimmer zu treten, in welches er rechtmäßig eingewiesen
25 worden war und in dessen einem Bett bereits ein Mann schlief,
Schwamm drückte die Klinke herab. Er schloß die Tür wieder und tastete mit flacher Hand nach dem Lichtschalter. Da hielt er plötzlich inne: neben ihm – und er schloß sofort, daß da die Betten stehen müßten – sagte jemand mit einer dunklen, aber auch energischen Stimme:
30 „Halt! Bitte machen Sie kein Licht. Sie würden mir einen Gefallen tun, wenn Sie das Zimmer dunkel ließen."
„Haben Sie auf mich gewartet?" fragte Schwamm erschrocken; doch er erhielt keine Antwort. Stattdessen sagte der Fremde:
„Stolpern Sie nicht über meine Krücken, und seien Sie vorsichtig, daß Sie nicht
35 über meinen Koffer fallen, der ungefähr in der Mitte des Zimmers steht. Ich werde Sie sicher zu Ihrem Bett dirigieren. Gehen Sie drei Schritte an der Wand entlang, und dann wenden Sie sich nach links, und wenn Sie wiederum drei Schritte getan haben, werden Sie den Bettpfosten berühren können."

Schwamm gehorchte: Er erreichte sein Bett, entkleidete sich und schlüpfte unter
die Decke. Er hörte die Atemzüge des anderen und spürte, daß er vorerst nicht
würde einschlafen können.

„Übrigens", sagte er zögernd nach einer
Weile, „mein Name ist Schwamm."

„So", sagte der andere.

„Ja."

„Sind Sie zu einem Kongreß hierherge-
kommen?"

„Nein. Und Sie?"

„Nein."

„Geschäftlich?"

„Nein, das kann man nicht sagen."

„Wahrscheinlich habe ich den merk-
würdigsten Grund, den je ein Mensch
hatte, um in die Stadt zu fahren", sagte
Schwamm. Auf dem nahen Bahnhof
rangierte ein Zug. Die Erde zitterte, und
die Betten, in denen die Männer lagen,
vibrierten.

„Wollen Sie in der Stadt Selbstmord begehen?" fragte der andere.

„Nein", sagte Schwamm, „sehe ich so aus?"

„Ich weiß nicht, wie Sie aussehen", sagte der andere, „es ist dunkel."

Schwamm erklärte mit banger Fröhlichkeit in der Stimme:

„Gott bewahre, nein. Ich habe einen Sohn, Herr..." (der andere nannte nicht seinen
Namen), „einen kleinen Lausejungen, und seinetwegen bin ich hierhergefahren."

„Ist er im Krankenhaus?"

„Wieso denn? Er ist gesund, ein wenig bleich zwar, das mag sein, aber sonst sehr
gesund. Ich wollte Ihnen sagen, warum ich hier bin, hier bei Ihnen, in diesem
Zimmer. Wie ich schon sagte, hängt das mit meinem Jungen zusammen. Er ist
äußerst sensibel, mimosenhaft, er reagiert bereits, wenn ein Schatten auf ihn fällt."

„Also ist er doch im Krankenhaus."

„Nein", rief Schwamm, „ich sagte schon, daß er gesund ist, in jeder Hinsicht. Aber er
ist gefährdet, dieser kleine Bengel hat eine Glasseele, und darum ist er bedroht."

„Warum begeht er nicht Selbstmord?" fragte der andere.

„Aber hören Sie, ein Kind wie er, ungereift, in solch einem Alter! Warum sagen Sie
das? Nein, mein Junge ist aus folgendem Grunde gefährdet: jeden Morgen, wenn er
zur Schule geht – er geht übrigens immer allein dorthin –, jeden Morgen muß er
vor einer Schranke stehenbleiben und warten, bis der Frühzug vorbei ist. Er steht
dann da, der kleine Kerl, und winkt, winkt heftig und freundlich und verzweifelt."

„Ja und?"

„Dann", sagte Schwamm, „dann geht er in die Schule, und wenn er nach Hause
kommt, ist er verstört und benommen, und manchmal heult er auch. Er ist nicht
imstande, seine Schularbeiten zu machen, er mag nicht spielen und nicht sprechen:
das geht nun schon seit Monaten so, jeden lieben Tag. Der Junge geht mir kaputt
dabei!"

„Was veranlaßt ihn denn zu solchem Verhalten?"

„Sehen Sie", sagte Schwamm, „das ist merkwürdig. Der Junge winkt, und – wie er

traurig sieht – es winkt ihm keiner der Reisenden zurück. Und das nimmt er sich so zu Herzen, daß wir – meine Frau und ich – die größten Befürchtungen haben. Er winkt und keiner winkt zurück, man kann die Reisenden natürlich nicht dazu
90 zwingen, und es wäre absurd und lächerlich, eine diesbezügliche Vorschrift zu erlassen, aber ...‟

„Und Sie, Herr Schwamm, wollen nun das Elend Ihres Jungen aufsaugen, indem Sie morgen den Frühzug nehmen, um dem Kleinen zu winken?‟

„Ja‟, sagte Schwamm, „ja.‟

95 „Mich‟, sagte der Fremde, „gehen Kinder nichts an. Ich hasse sie und weiche ihnen aus, denn ihretwegen habe ich – wenn man's genau nimmt – meine Frau verloren. Sie starb bei der ersten Geburt.‟

„Das tut mir leid‟, sagte Schwamm und stützte sich im Bett auf. Eine angenehme Wärme floß durch seinen Körper; er spürte, daß er jetzt würde einschlafen können.

100 Der andere fragte: „Sie fahren nach Kurzbach, nicht wahr?‟

„Ja.‟

„Und Ihnen kommen keine Bedenken bei Ihrem Vorhaben? Offener gesagt: Sie schämen sich nicht, Ihren Jungen zu betrügen? Denn was Sie vorhaben, Sie müssen es zugeben, ist doch ein glatter Betrug, eine Hintergehung.‟

105 Schwamm sagte aufgebracht: „Was erlauben Sie sich, ich bitte Sie, wie kommen Sie dazu!‟ Er ließ sich fallen, zog die Decke über den Kopf, lag eine Weile überlegend da und schlief dann ein.

Als er am nächsten Morgen erwachte, stellte er fest, daß er allein im Zimmer war. Er blickte auf die Uhr und erschrak: bis zum Morgenzug blieben ihm noch fünf
110 Minuten, es war ausgeschlossen, daß er ihn noch erreichte.

Am Nachmittag – er konnte es sich nicht leisten, noch eine Nacht in der Stadt zu bleiben – kam er niedergeschlagen und enttäuscht zu Hause an.

Sein Junge öffnete ihm die Tür, glücklich, außer sich vor Freude. Er warf sich ihm entgegen und hämmerte mit den Fäusten gegen seinen Schenkel und rief.

115 „Einer hat gewinkt, einer hat ganz lange gewinkt.‟

„Mit einer Krücke?‟ fragte Schwamm.

„Ja, mit einem Stock. Und zuletzt hat er sein Taschentuch an den Stock gebunden und es so lange aus dem Fenster gehalten, bis ich es nicht mehr sehen konnte.‟

R

2 Schreibe in dein Heft, wie die Geschichte auf dich wirkt.

3 Belege die folgenden Merkmale einer Kurzgeschichte in Siegfried Lenz' Erzählung „Die Nacht im Hotel‟.

Die Geschichte beginnt oft unvermittelt.

_____

Es treten wenige Figuren auf.

_____

_____

Die Handlungszeit und der Handlungsort sind meist begrenzt.

_____

_____

Der Schluss bleibt offen oder ist oft überraschend.

_____

_____

Die Sprache ist knapp, alltäglich, teilweise mit Metaphern.

_____

_____

TIPP
Familie
Wohnort
Auffälligkeiten

4 Was erfährst du über Herrn Schwamm und seinen Bettnachbarn?
Schreibe in Stichpunkten in die Tabelle.
Belege deine Aussagen mit Zeilenangaben.

Herr Schwamm	Zeilen	Hotelgast	Zeilen

5 Notiere, warum Herr Schwamm im Hotel übernachtet.
Belege auch hier deine Aussagen mit Zeilenangaben.

TIPP
Inhaltsangabe
Zeitform: Präsens
Einleitung: Autor/
Titel/Textsorte
Hauptteil:
Figuren/
Handlungs-
geschehen
(*W*-Fragen)
Schluss:
z. B. Besonderhei-
ten des Textes,
Titelbezug

_____

_____

_____

6 Lies noch einmal das Ende der Geschichte und gib mit eigenen Worten
den Ausgang der Geschichte wieder.

_____

_____

_____

 7 Schreibe eine Inhaltsangabe der Kurzgeschichte in dein Heft.

Lesen als Spurensuche – einen Kriminalfall lösen

1 Lies den Ratekrimi.

Wolfgang Ecke
Der Parkplatzgangster

Der große Parkplatz vor dem Verwaltungsgebäude war öffentlich und bewacht.
Er bot Stellplätze für insgesamt 180 Fahrzeuge. Vier Parkwächter teilten sich die
Arbeit. Jeder von ihnen war verantwortlich für einen Block mit 45 Plätzen. Es gab
eine Ein- und eine separate[1] Ausfahrt. Kassiert wurde auf dem Platz.

5 Es war genau 7 Uhr 45, als sich ein grauer
SAAB auf einen der Plätze im Block B schob.
Noch war kaum Betrieb. Ein vollbärtiger Mann
mit Sonnenbrille, flacher karierter Mütze und
hellem Staubmantel stieg aus, schloss gewis-

10 senhaft ab und winkte dem Parkwächter.
„Wie kommt es, dass es noch so leer ist?", fragte
der Kunde und Arno Wacker, der Parkwächter,
grinste: „In einer halben Stunde ist nichts
mehr frei. Sie haben Glück, dass Sie so zeitig dran sind. Wie lange bleiben Sie?"

15 Der SAAB-Fahrer zuckte mit den Schultern: „Es wird mindestens elf werden."
„Zwovierzig", forderte Arno Wacker und reichte dem Mann die Quittung.

8 Uhr 30.
Der Parkplatz vor dem Verwaltungsgebäude war restlos besetzt. Zur Rechten des
grauen SAAB stand jetzt ein weinroter Mercedes-Sportwagen, während die linke

20 Nachbarschaft seit zehn Minuten aus einem weißen Ford Capri bestand.
Unweit davon aber lehnte ein Mann und beobachtete scharf, was sich rund um
den SAAB tat. Er trug einen braunen Janker[2] und einen Trachtenhut; zwischen
den Zähnen klemmte eine gebogene Tabakspfeife. Nur einem ganz aufmerksamen
Betrachter wäre es aufgefallen, dass dieser so folkloristisch gekleidete Mann iden-

25 tisch war mit dem Fahrer des grauen SAAB.
8 Uhr 40 schien der Augenblick gekommen, auf den der Betrachter und Beobachter
gewartet hatte: Der Parkwächter war gerade dabei, am äußersten Ende des Blocks
zu kassieren, als plötzlich Leben in den Mann kam. Rasch und doch unauffällig
näherte er sich dem SAAB.

30 30 Sekunden später durchfuhr der Wagen unbeanstandet die Ausfahrt von Block B.
In die leer gewordene Lücke lotste Arno Wacker drei Minuten später einen gelben
VW ein. Er schenkte der Tatsache, dass der SAAB verschwunden war, wenig Beach-
tung. Schließlich hatte der Fahrer bezahlt.

11 Uhr 10.

35 Ein Mann mit Bart, Sonnenbrille und hellem Staubmantel näherte sich aufgeregt
Arno Wacker. „Wo ist mein Auto?", schrie er den Parkwächter an. „Der SAAB …",
stotterte Wacker und sah dorthin, wo jetzt der gelbe VW stand. Eingerahmt von
zwei weiteren VWs. Der Mann im Staubmantel packte Wacker an den Aufschlägen
des Arbeitskittels und schüttelte ihn. Dazu donnerte er: „Ich mache Sie haftbar …

40 Im Wagen befanden sich mehrere teure Bilder und zwei kostbare Skulpturen …"

1 getrennt, einzeln

2 bayerische Trachten-
  jacke

Ein sich in der Nähe aufhaltender Polizist trat schnell auf die beiden zu: „Was ist hier los?", forschte er. Der Bärtige ließ den Parkwächter los und wandte sich dem Polizisten zu. Seine Stimme überschlug sich fast, als er berichtete: „Das hier ist ein bewachter Parkplatz. Wie kann man von einem bewachten Parkplatz ein Auto
45 stehlen?…"
Der Polizist sah nicht besonders geistreich drein.
„Hören Sie, Herr Wachtmeister", fuhr der andere fort und unterstrich jedes Wort mit einer energischen Handbewegung, „um drei viertel acht habe ich meinen Wagen hier abgestellt. Jetzt komme ich wieder und er ist verschwunden. Kann man
50 sein Auto nicht mal mehr drei Stunden auf einem bewachten Parkplatz stehen lassen? Wozu kassieren diese Brüder dann eine Parkgebühr?"
Der Bärtige zupfte sich aufgeregt am Bart, während Arno Wacker schweißnasse Hände bekam. Der Polizist dagegen machte Versuche, die inzwischen aufgelaufene Menge zu zerstreuen. Dann wandte er sich an den Autofahrer: „Wo stand Ihr Wagen
55 denn?"
„Dort drüben, wo jetzt der gelbe VW steht. Neben mir parkten noch ein roter Mercedes und ein weißer Ford…"
Nach einem Blick auf die wieder dichter werdenden Reihen der Neugierigen forderte der Polizist die beiden Männer auf: „Gehen wir auf die Wache … Ich muss ein
60 Protokoll aufnehmen!"
So saßen sie zehn Minuten später auf der nicht weit entfernten Polizeiwache, und der Beamte bemühte sich, ein einwandfreies Protokoll anzufertigen.
Und dann, ganz plötzlich, bekam Arno Wacker große, runde Augen und sprang auf. Sein Zeigefinger fuhr Richtung SAAB-Fahrer, während er mit wütender Stimme
65 rief. „Jetzt weiß ich es. Das ist ein ganz gemeiner Schwindler, ein Betrüger, ein Gauner…"
Ja, und anscheinend schien er mit dieser Behauptung ins Schwarze getroffen zu haben. Denn wie ein Blitz war der Bärtige hoch und durch die Tür verschwunden…
Arno Wacker aber atmete tief durch und ließ sich auf seinen Stuhl zurückfallen.
70 Zufrieden seufzte er: „Ein Glück, dass mir noch rechtzeitig genug eingefallen ist, welchen Fehler dieser Schurke gemacht hat."

2 Erkläre folgende Begriffe und Wendungen mit eigenen Worten:

die Quittung (Z.16): _____

folkloristisch gekleidet (Z.24): _____

identisch (Z.24 f.): _____

lotsen (Z.31): _____

die Skulpturen (Z.40): _____

geistreich (Z.46): _____

das Protokoll (Z.60): _____

ins Schwarze treffen (Z.67): _____

3 Markiere diejenigen Stellen im Text, die zur Rekonstruktion des Tathergangs wichtig sind.

TIPP
Autotyp
Kennzeichen
Farbe

4 Ergänze die folgenden Notizen des Polizeiwachtmeisters.

Straftat: _____

Detaillierte Angaben: _____

_____

Tatort: _____

Tatzeit: _____

Hinweise zur/zum Geschädigten: _____

_____

_____

Zeuge(n): _____

5 Schreibe Zeiten, Geschehnisse und Hinweise zur Situation am Tatort auf.
Trage sie in die Tabelle ein.

Zeit	Geschehnis	Hinweise zur Situation
7:45 Uhr	*Kunde parkt seinen SAAB*	*auf Parkplatz kaum Betrieb*
8:30 Uhr		

6 Zeichne die Anordnung der geparkten Fahrzeuge.

7 Lies noch einmal die Zeilen 47 bis 57. Ergänze dann die folgenden Sätze.

Der Besitzer des SAAB behauptet, er habe _____

_____

_____

Sein Auto habe zwischen _____

_____

_____ *gestanden.*

TIPP
Polizeibericht
– sachliche
  Darstellung
– *W*-Fragen
– Vergangen-
  heitsformen
– Konjunktiv für
  indirekte (nicht-
  wörtliche) Rede

8 Erkläre, woran der Parkplatzwächter erkennt, dass der Besitzer des angeblich gestohlenen Autos ein Dieb ist.

_____

_____

_____

_____

 9 Schreibe einen abschließenden Polizeibericht aus der Sicht des Wachtmeisters.
Ergänze selbstständig fehlende Angaben wie Datum oder Namen.
Arbeite in deinem Heft.

Teste dich selbst!

1 Kreuze an, welche Merkmale eine Kurzgeschichte oft aufweist.

- [ ] unmittelbarer Einstieg ins Handlungsgeschehen
- [ ] wenige Figuren
- [ ] unterschiedliche Zeitebenen
- [ ] ausführliche Figurencharakteristik
- [ ] enthält eine Moral
- [ ] offener oder überraschender Schluss
- [ ] enthält Pointe
- [ ] knappe, alltägliche Sprache

2 Lies den folgenden Ratekrimi.

Thomas Maxeiner
Wandernder Einbrecher

Um acht Uhr morgens wirkte Dieter Borstel noch verschlafen. „Ein Einbruch?", wiederholte er. „In der Münzhandlung Heise", erklärte Kriminalassistent Meerbusch. – „Wann genau?" – „Vielleicht verraten Sie uns zunächst mal, wo Sie letzte Nacht gewesen sind!" Borstel wischte sich mit der Hand die Müdigkeit aus dem Gesicht. „Von elf bis eins bin ich spazieren gegangen. Im Stadtpark." – „Bei dem Unwetter?", wunderte sich Kommissarin Katja Rulandt. Borstel winkte ab. „Macht mir nichts aus!" – „Und wie kommt es dann, dass Ihr Mantel unten an der Flurgarderobe völlig trocken ist?" – „Regenschirm, Madame!" – „Tun Sie das öfter?" – „Was?" – „Nachts zwei Stunden lang durch den Regen latschen." Borstel grinste. „Ist sozusagen mein Hobby, wenn ich mal nicht schlafen kann. Wann ist er denn nun passiert, der Einbruch?" – „Zehn vor zwölf", erwiderte Meerbusch. Der Befragte kratzte sich am Kopf. „Waren Sie schon bei Dercks, im Haus gegenüber?" – „Kalle Dercks wäre sowieso der Nächste auf unserer Besuchsliste. Hat er Ihnen etwa was geflüstert?" – „Nicht direkt, aber dem würde ich so was zutrauen. Außerdem kam er kurz nach Mitternacht schwer bepackt nach Hause. Wie weit wohnt dieser Münzhändler entfernt, sagten Sie?" – „Zwei Straßenecken", murmelte Meerbusch. Borstel wippte selbstgefällig auf den Zehen. „Na siehste!" –

„Lassen Sie den Mann observieren!", wies die Kommissarin ihren Assistenten an, als sie wieder im Treppenflur vor Borstels Wohnung standen. „Ich bin sicher, er wird einen zweiten Fehler begehen!" –
Welcher erste war ihr aufgefallen?

3 Notiere den ersten Fehler, der der Kommissarin aufgefallen ist.

4 Schreibe zu jedem Begriff in der Tabelle eine passende Erklärung. Füge ein Beispiel aus dem Text hinzu (Textstelle, Zeile).

Begriff	Erklärung	Textstelle, Zeile
Tatort	*Ort des Verbrechens*	*Münzhandlung, Z. 3 f.*
Tatzeit		
Verbrechen		
Tatverdächtige		
Täter		
Opfer		
Kommissarin		
Assistent		
Alibi		
Indiz		

„Wilhelm Tell" – Ein Drama untersuchen

Den Inhalt einer Szene erfassen

1 Lies den Einführungstext sowie den Ausschnitt aus Schillers Drama.

Friedrich Schiller (1759–1805) veröffentlichte 1804 das Drama „Wilhelm Tell".
Es ist in fünf Aufzüge/Akte gegliedert, die wiederum in einzelne Szenen
unterteilt sind.

Das Stück spielt um 1300. Schauplatz ist das Gebiet um den Vierwaldstätter See in der
Schweiz. Die freien Landleute aus den Gebieten Schwyz, Uri und Unterwalden werden
grausam von den Landvögten[1] unterdrückt, bis sie sich auflehnen und zu einem Bündnis
zusammenschließen. Zentrale Figur in diesem Kampf ist der von allen geachtete Armbrust-
5 *schütze Wilhelm Tell. Der freiheitsliebende Jäger ist verheiratet, hat zwei Söhne und besitzt*
einen kleinen Hof in Uri.
Im dritten Aufzug, dritte Szene, wird Wilhelm Tell vom Landvogt Hermann Gessler
bestraft, weil er sich geweigert hat, den Hut eines Herrschers ehrenvoll zu grüßen.
Tell muss sich einer schrecklichen Aufgabe stellen.

1 vom König einge-
setzte Verwalter
eines Gebiets

Friedrich Schiller
Wilhelm Tell

Dritter Aufzug, dritte Szene

Gessler Ist das dein Knabe, Tell?
Tell Ja, lieber Herr.
Gessler Hast du der Kinder mehr?
Tell Zwei Knaben, Herr.
5 **Gessler** Und welcher ist's, den du am meisten liebst?
Tell Herr, beide sind mir gleich liebe Kinder.
Gessler Nun, Tell! Weil du den Apfel triffst vom Baume
　　Auf hundert Schritte, so wirst du deine Kunst
　　Vor mir bewähren müssen – Nimm die Armbrust –
10 　　Du hast sie gleich zur Hand – und mach dich fertig,
　　Einen Apfel von des Knaben Kopf zu schießen –
　　Doch will ich raten, ziele gut, dass du
　　Den Apfel treffest auf den ersten Schuss,
　　Denn fehlst du ihn, so ist dein Kopf verloren.

15 *Alle geben Zeichen des Schreckens.*

Tell Herr – Welches Ungeheure sinnet Ihr
　　Mir an – Ich soll vom Haupte meines Kindes –
　　– Nein, nein doch, lieber Herr, das kömmt Euch nicht
　　Zu Sinn – Verhüt's der gnäd'ge Gott – das könnt Ihr
20 　　Im Ernst von einem Vater nicht begehren!
Gessler Du wirst den Apfel schießen von dem Kopf
　　Des Knaben – Ich begehr's und will's.

Tell Ich soll
Mit meiner Armbrust auf das liebe Haupt
25   Des eignen Kindes zielen – Eher sterb ich!
Gessler Du schießest oder stirbst mit deinem Knaben.
Tell Ich soll der Mörder werden meines Kinds!
Herr, Ihr habt keine Kinder – wisset nicht,
Was sich bewegt in eines Vaters Herzen.
30   [...]
Gessler *zeigt auf den Knaben*
Man bind ihn an die Linde dort!
Walther Tell Mich binden!
Nein, ich will nicht gebunden sein. Ich will
35   Stillhalten wie ein Lamm und auch nicht atmen.
Wenn Ihr mich bindet, nein, so kann ich's nicht,
So werd ich toben gegen meine Bande.
Rudolf der Harras Die Augen nur lass dir verbinden, Knabe.
Walther Tell Warum die Augen? Denket Ihr, ich fürchte
40   Den Pfeil von Vaters Hand? Ich will ihn fest
Erwarten und nicht zucken mit den Wimpern.
– Frisch, Vater, zeig's, dass du ein Schütze bist,
Er glaubt dir's nicht, er denkt uns zu verderben –
Dem Wütrich zum Verdrusse, schieß und triff.

45   *Er geht an die Linde, man legt ihm den Apfel auf.*
[...]

Tell steht in fürchterlichem Kampf, mit den Händen
zuckend und die rollenden Augen bald auf den
Landvogt, bald zum Himmel gerichtet. – Plötzlich
50   *greift er in seinen Köcher, nimmt einen zweiten Pfeil*
heraus und steckt ihn in seinen Goller[2]. Der Land-
vogt bemerkt alle diese Bewegungen.

Walther Tell *unter der Linde*
Vater, schieß zu, ich fürcht' mich nicht.
55   **Tell** Es muss!
[...]
Stauffacher *ruft* Der Apfel ist gefallen!

Indem sich alle nach dieser Seite gewendet und
Bertha zwischen Rudenz und den Landvogt sich
60   *geworfen, hat Tell den Pfeil abgedrückt.*

Rösselmann Der Knabe lebt!
Viele Stimmen Der Apfel ist getroffen!

Walther Fürst schwankt und droht zu sinken,
Bertha hält ihn.

65   **Gessler** *erstaunt* Er hat geschossen? Wie? der Rasende!
Bertha Der Knabe lebt! kommt zu Euch, guter Vater!

2 Kragen

Walther Tell *kommt mit dem Apfel gesprungen.*
Vater, hier ist der Apfel – Wusst' ich's ja,
Du würdest deinen Knaben nicht verletzen.

70 [...]

Gessler Bei Gott! der Apfel mittendurch geschossen!
Es war ein Meisterschuss, ich muss ihn loben.

Rösselmann Der Schuss war gut, doch wehe dem, der ihn
Dazu getrieben, dass er Gott versuchte.

75 **Stauffacher** Kommt zu Euch, Tell, steht auf, Ihr habt Euch männlich
Gelöst und frei könnt Ihr nach Hause gehen.

Rösselmann Kommt, kommt und bringt der Mutter ihren Sohn.

Sie wollen ihn wegführen.

Gessler Tell, höre!

80 **Tell** *kommt zurück* Was befehlt Ihr, Herr?

Gessler Du stecktest
Noch einen zweiten Pfeil zu dir – Ja, ja,
Ich sah es wohl – Was meintest du damit?

Tell *verlegen* Herr, das ist also bräuchlich bei den Schützen.

85 **Gessler** Nein, Tell, die Antwort lass ich dir nicht gelten,
Es wird was anders wohl bedeutet haben.
Sag mir die Wahrheit frisch und fröhlich, Tell,
Was es auch sei, dein Leben sichr' ich dir.
Wozu der zweite Pfeil?

90 **Tell** Wohlan, o Herr,
Weil Ihr mich meines Lebens habt gesichert,
So will ich Euch die Wahrheit gründlich sagen.

Er zieht den Pfeil aus dem Goller und sieht den Landvogt mit einem furchtbaren Blick an.

Mit diesem zweiten Pfeil durchschoss ich – Euch,
95 Wenn ich mein liebes Kind getroffen hätte,
Und Eurer – wahrlich! hätt' ich nicht gefehlt.

Gessler Wohl, Tell! Des Lebens hab ich dich gesichert,
Ich gab mein Ritterwort, das will ich halten –
Doch weil ich deinen bösen Sinn erkannt,
100 Will ich dich führen lassen und verwahren,
Wo weder Mond noch Sonne dich bescheint,
Damit ich sicher sei vor deinen Pfeilen.
Ergreift ihn, Knechte! Bindet ihn!

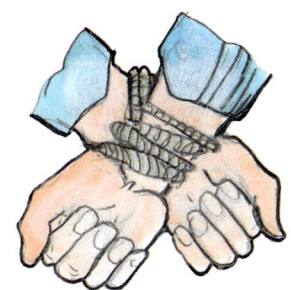

Tell wird gebunden.

2 Markiere im Einführungstext Angaben zu Ort, Zeit
und handelnden Personen des Dramas.

3 Notiere zu jedem Begriff in der Tabelle eine kurze Erklärung. Füge je ein Beispiel aus dem Text (Einführung und Dramenauszug) hinzu.

Begriff	Erklärung	Beispiel im Text
Aufzug/Akt	*größerer Abschnitt zur Gliederung der Dramenhandlung*	*„Wilhelm Tell" in fünf Aufzüge gegliedert*
Szene		
Dialog		
Regieanweisung		

4 Notiere, was Landvogt Gessler von Wilhelm Tell verlangt.
Vor welche Wahl stellt er Tell?

_____

_____

_____

_____

5 In welchen Zwiespalt gerät Wilhelm Tell dadurch? Schreibe wenige Sätze.

_____

_____

_____

_____

6 Welchen Ausweg hat Tell aus der für ihn schrecklichen Situation vorbereitet?

_____

_____

7 Fasse den Inhalt der Szene mit eigenen Worten zusammen.

TIPP
Inhaltsangabe
– Einleitung:
  Titel, Thema
– Hauptteil:
  Handlungsver-
  lauf, _W_-Fragen
  (keine wörtl.
  Rede, Präsens)
– Schluss:
  Besonderheiten,
  offene Fragen

_____

_____

_____

_____

_____

_____

_____

_____

_____

_____

_____

_____

Eine Dramenfigur analysieren

1 Notiere aus dem Einleitungstext (S. 37) Angaben zur Figur des Wilhelm Tell.

Wohnort/Besitz: _____

Familie: _____

soziale Stellung: _____

Verhalten: _____

_____

2 Markiere im Dramenauszug (S. 37 ff.) Textstellen, die etwas über Eigenschaften, Verhaltensweisen und Gefühle Wilhelm Tells aussagen sowie über seine äußere Erscheinung.

3 Notiere, woran Wilhelm Tell äußerlich erkennbar ist.

_____

4 Trage in die Tabelle Eigenschaften, Verhaltensweisen und Gefühle Wilhelm Tells ein. Belege deine Aussagen mit Textstellen.

Eigenschaften/Verhaltensweisen/Gefühle	Textstellen/Zeilen

5 Untersuche die Sprache des Wilhelm Tell. Achte dabei auf sprachliche Auffälligkeiten. Notiere und belege sie mit Textstellen.

_____

_____

_____

_____

6 Charakterisiere die Figur des Wilhelm Tell. Beachte die drei Tipps in der Randspalte.

TIPP 1
Beschreibe zunächst die äußeren Merkmale (Aussehen, Einzelheiten, Besonderheiten).

TIPP 2
Beschreibe anschließend die inneren Merkmale der Figur (Lebensumstände, Gedanken, Gefühle, Verhalten).

TIPP 3
Fasse die Merkmale zusammen.

7 Erkläre, warum Wilhelm Tell der Held dieser Szene ist.

Die Figurenkonstellation im Drama untersuchen

1 Betrachte das Schaubild.

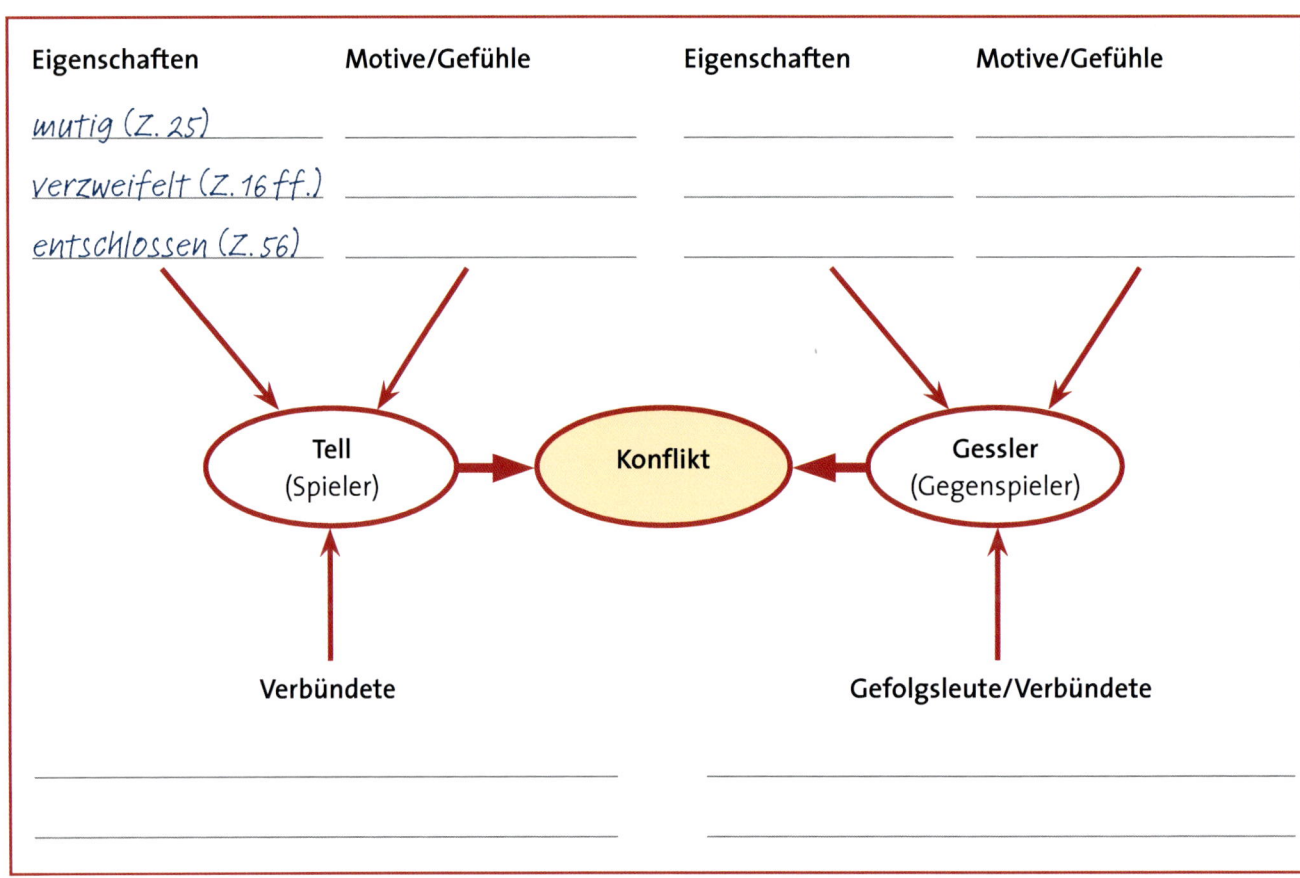

Eigenschaften	Motive/Gefühle	Eigenschaften	Motive/Gefühle
mutig (Z. 25)			
verzweifelt (Z. 16 ff.)			
entschlossen (Z. 56)			

Tell (Spieler) → Konflikt ← Gessler (Gegenspieler)

Verbündete

Gefolgsleute/Verbündete

---

1 Absicht, Anlass, Beweggrund

2 Ergänze das Schaubild. Trage zunächst Eigenschaften und Motive[1]/Gefühle der Figur Gessler ein. Belege diese mit Zeilenangaben.

3 Welche Gefühle hegt Tell gegenüber Gessler? Von welchem Motiv lässt Tell sich leiten? Schreibe in das Schaubild und belege deine Einträge mit Zeilenangaben.

TIPP
Lies noch einmal die Zeilen 16–29 nach.

4 Erkläre Gesslers Motiv für den geforderten Apfelschuss. Schreibe in einem Satz.

5 Begründe, warum Tell den Befehl Gesslers ausführt.

6 Entscheide, wer zu Tells Verbündeten gehört und wer zu Gesslers Gefolgsleuten. Begründe deine Entscheidung. Ordne anschließend die Namen in das Schaubild ein.

Namen	gehört zu		Begründung
	Tell	Gessler	
Rudolf der Harras			
Stauffacher			
Rösselmann			
Bertha			

7 Erläutere, worin der Konflikt zwischen Tell und Gessler besteht.

_____

_____

_____

_____

_____

8 Fasse zusammen, was das Schaubild verdeutlicht. So könntest du beginnen:

Das Schaubild zeigt, dass Tell und Gessler als Gegner auftreten.

_____

_____

Tell ist einerseits ein liebender Vater, andererseits führt er den Befehl aus …

WORTLISTE
– einerseits …
  andererseits
– sowohl … als
  auch
– entweder …
  oder
– …

_____

_____

_____

_____

_____

_____

_____

_____

_____

_____

Teste dich selbst!

1 Verbinde die Begriffe mit der richtigen Worterklärung.

Monolog	Gespräch zwischen den Figuren
Hauptfigur	Rede eines Einzelnen
Haupttext	zentrale Person im Stück
Dialog	Auseinandersetzung
Regieanweisung	Hinweis für die Darsteller
Szene	gesprochener Text im Drama
Konflikt	Handlungsabschnitt eines Aktes

2 Ordne folgende Begriffe richtig in die Tabelle ein.

äußere Erscheinung   gesellschaftliche Stellung   Sprechweise

Verhalten und Eigenschaften   Haupt- und Nebenfiguren   Motive

Spieler und Gegenspieler   Beziehung der Figuren

Analyse einer Dramenfigur	Untersuchung der Figurenkonstellation
_____	_____
_____	_____
_____	_____
_____	_____

3 Erstelle einen Merkzettel und notiere in Stichpunkten, was für die Charakterisierung einer Figur wichtig ist.

Stürmische Zeiten!

Biografische Bezüge zu einer literarischen Epoche herstellen

1 Lies den folgenden Text. Markiere mit verschiedenen Farben, wie Friedrich Schillers Alltag in der Hohen Karlsschule aussieht und mit welchen Gefühlen er diesem Leben gegenübersteht.

Andreas Venzke
Ein Leben in der Karlsschule

Hätte ich ahnen können, dass ich vom Regen
in die Traufe komme, wo es doch hieß, nur
die besten Schüler des Landes kommen
auf die Militärakademie? [...]

5 Mir werden sofort die Flügel gestutzt.
Mit 14 Jahren bin ich eingesperrt in
einer schulischen Kaserne. Soldaten
wachen über den Tagesablauf. Der Schul-
leiter ist Oberst.

10 Im Winter müssen wir um sechs Uhr auf-
stehen. Es folgt der Frühappell mit Rein-
lichkeits- und Kleiderkontrolle, dann das
Frühstück mit einer Schüssel fader Suppe.
Um acht fängt der Unterricht an – im Sommer

15 alles noch eine Stunde früher –, der bis abends um sechs dauert, unterbrochen
nur vom Mittagessen und dem fürchterlichen Mittagsappell, wenn wir vor dem
Durchlauchtigsten Herzog strammstehen müssen und unsere Strafen zu empfan-
gen haben.
Dafür müssen wir extra den Paradeanzug anlegen, mit Weste und Rock,

20 Dreispitzhut und Federbusch, Stiefeln und Degen. Auf dem Kopf müssen wir
eine Perücke tragen, die zu frisieren eine abscheuliche Arbeit ist. Es gehören
sogar ein Zopf dazu und so genannte Papilloten, künstliche, mit Gips versteifte
Schläfenlocken. [...]
Ständig werden wir zum Petzen und Anschwärzen aufgefordert. Der Herzog will

25 alles von uns wissen. Er schleicht sogar selbst durch die Flure, auch nachts, und
versucht, uns auszukundschaften. In die Türen unserer Zimmer sind Gucklöcher
eingebaut. Wenigstens halten wir zusammen, jedenfalls einige von uns. Ich lerne
eines: Freundschaft ist das Einzige, was gegen solche Tyrannei hilft.
Ich vergehe vor Sehnsucht nach meinen Eltern und bin schockiert, als ich erfahre,

30 ich könnte sie erst dann wiedersehen, wenn sie im Sterben lägen. [...]
Aus dieser furchtbaren Welt kann ich nur fliehen, wenn ich mich in Bücher ver-
senke. [...]
Überhaupt lese ich, was ich kriegen kann, gern auch Werke von jungen deutschen
Schriftstellern, die aufmucken, besonders von Johann Wolfgang Goethe. Sein Buch

35 *Die Leiden des jungen Werther* verschlinge ich, auch sein Drama *Götz von Berlichingen.*
Alles das wühlt mich auf und ist die einzige Flucht, die ich antreten kann.

2 Ordne die Informationen über Schillers Leben in der Karlsschule.
Ergänze das folgende Strukturdiagramm. Schreibe in Stichpunkten.

_____	Verhalten des Herzogs gegen- über den Schülern
	Schillers Leben in der Hohen Karlsschule
Ankunft _____	_____
_____	_____
	_____
_____	Tagesablauf
	Wecken 6 bzw. 5 Uhr
_____	_____
_____	täglich anfallende Aufgaben
_____	_____
Stiefel	_____
	_____

3 Stell dir vor, du wärst ein Karlsschüler. An welche Bedingungen hättest du dich nur schwer gewöhnen können? Schreibe drei in dein Heft.

4 Friedrich Schiller ist froh, die Hohe Karlsschule endlich verlassen zu können. Versetze dich in die Situation des Dichters. Schreibe seine Gedanken zum Abschied von der Karlsschule als Erinnerung in dein Heft. Nutze dafür deine Markierungen aus Aufgabe 1.

TIPP
Vergleiche, wogegen sich die Dichter dieser Zeit auflehnten und welche Zustände in der Karlsschule beschrieben werden.

5 Welche Zusammenhänge zwischen Schillers Leben in der Karlsschule und seinem Wirken als Dichter des Sturm und Drang kannst du herstellen? Suche zwei Merkmale des Sturm und Drang und belege sie mit je einem Beispiel aus dem Text.

Merkmal des Sturm und Drang	Beispiel aus dem Text

Epochenmerkmale aus dramatischen Texten herausarbeiten

1 Lies zunächst den Text über Schillers Drama „Die Räuber".
Markiere die Namen der Hauptfiguren.

Im ersten von ihm veröffentlichten Drama schildert Friedrich Schiller die
Rivalität zweier verfeindeter Brüder: der freiheitsliebende Karl Moor und der kalt
berechnende Franz Moor. Nur Karl hat als Erstgeborener das Recht auf das Erbe.
Franz fühlt sich ungeliebt und versucht durch Intrigen[1], an das Erbe seines Vaters,
5 Graf von Moor, heranzukommen. Er fälscht einen Brief und behauptet, sein Bruder
wäre ein Betrüger und Mörder. Der Vater enterbt Karl. Als dieser keine Möglichkeit
sieht, sich zu rechtfertigen, gründet er im Böhmerwald eine Räuberbande, deren
Anführer er wird. Sein Ziel ist es, Schwächeren zu helfen. Aber nicht alle seine
Gesellen haben die gleichen Ansichten wie er. Sein größter Widersacher innerhalb
10 der Räuber ist Moritz Spiegelberg, der vom Morden, Brandschatzen und Plündern
begeistert ist. Das Drama spielt im 18. Jahrhundert, als Räuberbanden in Deutschland nichts Ungewöhnliches waren.

1 hinterlistige Hand-
lungen

2 Lies den folgenden Dramenauszug. Markiere mit unterschiedlichen Farben,
was Razmann über den Hauptmann Karl Moor erzählt und was Spiegelberg
über sich selbst berichtet.

Friedrich Schiller
Die Räuber

Die böhmischen Wälder
Karls Räuberbande hält sich in den böhmischen Wäldern auf. Innerhalb der Bande gibt es
zwei Gruppen: Spiegelberg und seine Gefährten wüten und plündern sinnlos. Karl und
seine Anhänger haben andere Ziele.

5 *Zweiter Akt, dritte Szene (1. Teil)*
Die böhmischen Wälder. Spiegelberg. Razmann. Räuberhaufen.

Razmann Bist da? Bist's wirklich? So lass dich doch zu Brei zusammendrücken,
lieber Herzensbruder Moritz! Willkommen in den böhmischen Wäldern! [...]
Bringst ja Rekruten mit, einen ganzen Trieb, du trefflicher Werber!
10 **Spiegelberg** Gelt, Bruder? gelt? Und das ganze Kerl dazu! – Du glaubst nicht,
Gottes sichtbarer Segen ist bei mir: war dir ein armer hungriger Tropf,
hatte nichts als diesen Stab, da ich über den
Jordan ging, und jetzt sind unserer achtund-
siebenzig, [...]
15 **Razmann** *lacht* Du bist eben noch immer der
Alte.
Spiegelberg [...] Einen Spaß muss ich dir doch
erzählen, den ich neulich im Cäcilien-Klos-
ter angerichtet habe. Ich treffe das Kloster auf
20 meiner Wanderschaft so gegen die Dämme-
rung, und da ich eben den Tag noch keine

Patrone verschossen hatte – du weißt, ich hasse das [...] auf den Tod –, so musste die Nacht noch durch einen Streich verherrlicht werden [...]! Wir halten uns ruhig bis in die späte Nacht. Es wird mausstill. Die Lichter gehen aus. Wir den-

25 ken, die Nonnen könnten jetzt in den Federn sein. Nun nehm ich meinen Kameraden Grimm mit mir, heiß die andern warten vorm Tor, bis sie mein Pfeifchen hören würden – versichere mich des Klosterwächters, Schlüssel ab, schleich mich hinein, wo die Mägde schliefen. [...] Wir gehen weiter von Zelle zu Zelle, nehmen einer Schwester nach der andern die Kleider, [...]. Jetzt pfeif ich, und

30 meine Kerls draußen fangen an zu stürmen [...], als käm der Jüngste Tag, und hinein mit bestialischem Gepolter in die Zellen der Schwestern – Hahaha! – da hättest du die Hatz sehen sollen [...].

Razmann *auf den Boden stampfend* Dass mich der Donner da weg hätte! [...]

Spiegelberg So ist dein Erstes, wenn du in die Stadt kommst, du ziehst bei den

35 Bettelvögten [...] und Zuchtknechten Kundschaft ein, wer so am fleißigsten bei ihnen einspreche, die Ehre gebe, und diese Kunden suchst du auf – ferner nistest du dich in die Kaffeehäuser [...] und Wirtshäuser ein, spähst, sondierst, wer am meisten [...] über die Regierung schimpft, [...] und dergleichen. Bruder! das ist die rechte Höhe! Die Ehrlichkeit wackelt wie ein hohler Zahn, [...] du gehst und

40 wirfst einen vollen Beutel auf die offene Straße, versteckst dich irgendwo und merkst dir wohl, wer ihn aufhebt – eine Weile drauf jagst du hinterher, suchst, schreist und fragst nur so im Vorbeigehen: haben der Herr nicht etwa einen Geldbeutel gefunden? Sagt er ja, – nun so hat's der Teufel gesehen: leugnet er's aber: [...] du hast deinen Mann gefunden.

45 **Razmann** Du bist ein ausgelernter Praktikus.

Spiegelberg Sobald ich einmal die Fährte hatte, häng ich mich meinem Kandidaten an wie eine Klette, saufte Brüderschaft mit ihm, [...] zechfrei musst du ihn halten! da geht freilich ein Schönes drauf, aber das achtest du nicht – du gehst weiter, du führst ihn in Spielkompanien und bei liederlichen Menschen ein,

50 verwickelst ihn in Schlägereien und schelmische Streiche, bis er an Saft und Kraft und Geld und Gewissen und gutem Namen bankrott wird. [...] Noch ein kürzerer, besserer Weg ist der, du plünderst deinem Mann Haus und Hof ab, bis ihm kein Hemd mehr am Leibe hebt, alsdann kommt er dir von selber. [...] Schwere Not! den hab ich schön ins Garn gekriegt – ich hielt ihm vierzig

55 Dukaten hin, die sollt' er haben, wenn er mir seines Herrn Schlüssel in Wachs drücken wollte – denk einmal! die dumme Bestie tut's, bringt mir, hol mich der Teufel! die Schlüssel und will jetzt das Geld haben – Monsieur, sagt' ich, weiß Er auch, dass ich jetzt diese Schlüssel gerades Wegs zum Polizeilieutnant trage und Ihm ein Logis[2] am lichten Galgen miete? – Tausend Sakerment! da hättest du den

60 Kerl sehen sollen die Augen aufreißen und anfangen zu zappeln wie ein nasser Pudel. [...]

Razmann Ja, ja, ich muss gestehen. Ich will mir diese Lektion mit goldenen Ziffern auf meine Hirntafel schreiben. Der Satan mag seine Leute kennen, dass er dich zu seinem Mäkler gemacht hat. [...]

65 **Razmann** [...] Ja, ja, wie ich dir sage, Moritz, du wirst dem Hauptmann mit deinen Rekruten willkommen sein – er hat auch schon brave Kerl angelockt. [...] Nun ja! sie mögen hübsche Fingerchen haben – aber ich sage dir, der Ruf unsers Hauptmanns hat auch schon ehrliche Kerl in Versuchung geführt.

Spiegelberg Ich will nicht hoffen.

2 hier: einen Platz

3 französisch: ohne

70 **Razmann** Sans[3] Spaß! und sie schämen sich nicht, unter ihm zu dienen. Er mordet
nicht um des Raubes willen, wie wir – nach dem Geld schien er nicht mehr zu
fragen, sobald er's vollauf haben konnte, und selbst sein Drittteil an der Beute,
das ihn von Rechts wegen trifft, verschenkt er an Waisenkinder oder lässt damit
arme Jungen von Hoffnung studieren. Aber soll er dir einen Landjunker schröp-

75 fen, der seine Bauern wie das Vieh abschindet, oder einen Schurken mit goldnen
Borten unter den Hammer kriegen, der die Gesetze falschmünzt und das Auge
der Gerechtigkeit übersilbert, oder sonst ein Herrchen von dem Gelichter – Kerl!
da ist er dir in seinem Element und haust teufelmäßig, als wenn jede Faser an
ihm eine Furie wäre.

80 **Spiegelberg** Hum! Hum!

Razmann Neulich erfuhren wir im Wirtshaus, dass ein reicher Graf von Regens-
burg durchkommen würde, der einen Prozess von einer Million durch die Pfiffe
seines Advokaten[4] durchgesetzt hätte; er saß eben am Tisch und brettelte. –
Wie viel sind unserer? frug er mich, indem er hastig aufstand; ich sah ihn

4 Rechtsanwalt

85 die Unterlippe zwischen die Zähne klemmen, welches er nur tut, wenn er am
grimmigsten ist – Nicht mehr als fünf! sagt' ich – Es ist genug! sagt' er, warf der
Wirtin das Geld auf den Tisch, ließ den Wein, den er sich hatte reichen lassen,
unberührt stehen – wir machten uns auf den Weg. Die ganze Zeit über sprach er
kein Wort, lief abseitwärts und allein, nur dass er uns von Zeit zu Zeit fragte, ob

90 wir noch nichts gewahr worden wären, und uns befahl, das Ohr an die Erde zu
legen. Endlich so kommt der Graf hergefahren, der Wagen schwer bepackt,
der Advokat saß bei ihm drin, voraus ein Reiter, nebenher ritten zwei Knechte –
da hättest du den Mann sehen sollen, wie er, zwei Terzerolen[5] in der Hand, vor
uns her auf den Wagen zusprang! und die Stimme, mit der er rief: Halt! –

5 Pistolen

95 Der Kutscher, der nicht Halt machen wollte, musste vom Bock herabtanzen;
der Graf schoss aus dem Wagen in den Wind, die Reiter flohen – Dein Geld,
Canaille!, rief er donnernd – [...]

Spiegelberg Hum! Hum! Bruder, was ich dir vorhin erzählt habe, bleibt unter uns,
er braucht's nicht zu wissen. Verstehst du?

100 **Razmann** Recht, recht, ich versteh.

Spiegelberg Du kennst ihn ja! Er hat so seine Grillen. Du verstehst mich.

Razmann Ich versteh, ich versteh.

3 In der Szene wird über die Verbrechen Moors und Spiegelbergs berichtet.
Welche Motive haben beide für ihr Handeln? Belege deine Aussagen mit
Textstellen. Trage deine Ergebnisse in die Tabelle ein.

	Karl Moor	Spiegelberg
Motiv		
Textstellen		

●●● **4** Welche Schlussfolgerungen kannst du für das Handeln beider Figuren ableiten?

_____

_____

_____

5 Erstelle zu Spiegelberg einen Steckbrief.

Name: _Moritz Spiegelberg_ _____

Gesellschaftliche Stellung: _____

Temperament: _____

Verhalten in der Szene: _____

Sprechweise: _____

6 Lies weiter. Fasse den Inhalt des folgenden Abschnittes zusammen.
Schreibe in dein Heft.

Zweiter Akt, dritte Szene (2. Teil)
Schwarz in vollem Lauf.

Razmann Wer da? was gibt's da? Passagiers im Walde?
Schwarz Hurtig, hurtig! wo sind die Andern? – Tausendsakerment! Ihr steht da
5   und plaudert! Wisst ihr denn nicht – Wisst ihr denn gar nicht? – und Roller –
Razmann Was denn? was denn?
Schwarz Roller ist gehangen, noch vier andere mit.
Razmann Roller? Schwere Not! seit wann – woher weißt du's?
Schwarz Schon über drei Wochen sitzt er, und wir erfahren nichts, schon drei
10   Rechtstage sind über ihn gehalten worden, und wir hören nichts; man hat ihn
auf der Tortur examiniert[6], wo der Hauptmann sei? – der wackere Bursche hat
nichts bekannt; gestern ist ihm der Prozess gemacht worden, diesen Morgen ist
der dem Teufel extra Post zugefahren.
Razmann Vermaledeit! weiß es der Hauptmann?
15 **Schwarz** Erst gestern erfährt er's. Er schäumt wie ein Eber. Du weißt, er hat immer
am meisten gehalten auf Roller, und nun die Tortur erst – Strick und Leiter sind
schon an den Turm gebracht worden, es half nichts; er selbst hat sich schon in
Kapuzinerskutte[7] zu ihm geschlichen und die Person mit ihm wechseln wollen;
Roller schlug's hartnäckig ab; jetzt hat er einen Eid geschworen, dass es uns eis-
20   kalt über die Leber lief, er wolle ihm eine Todesfackel anzünden, wie sie noch
keinem König geleuchtet hat, die ihnen den Buckel braun und blau brennen soll.
Mir ist bang für die Stadt.
[...]
Razmann *aufspringend* Horch! ein Schuss. *Schießen und Lärmen.*
25 **Spiegelberg** Noch einer!

6 unter Folter befragt

7 Mönchskutte

Razmann Wieder einer! der Hauptmann! *Hinter der Szene gesungen.*
Schweizer *Roller hinter der Szene* Holla ho! Holla ho!
Razmann Roller! Roller! Holen mich zehn Teufel!
Schweizer *Roller hinter der Szene* Razmann! Schwarz! Spiegelberg! Razmann!
30 **Razmann** Roller! Schweizer! Blitz, Donner, Hagel und Wetter! *Fliegen ihm entgegen.*

Räuber Moor zu Pferd. Schweizer, Roller, Grimm, Schufterle. Räubertrupp mit Kot und Staub bedeckt treten auf.

Räuber Moor *vom Pferd springend* Freiheit! Freiheit! – Du bist im Trocknen, Roller! – Führ meinen Rappen ab, Schweizer, und wasch ihn mit Wein.
35   *Wirft sich auf die Erde.* Das hat gegolten!
Razmann *zu Roller* Nun, bei der Feueresse des Plutos! bist du vom Rad auferstanden?
Schwarz Bist du sein Geist? oder bin ich ein Narr? oder bist du's wirklich?
Roller *in Atem* Ich bin's. Leibhaftig. Ganz. Wo glaubst du, dass ich herkomme? [...]

40   Ich komme recta[8] vom Galgen her. Lass mich nur erst zu Atem kommen. Der Schweizer wird dir erzählen. Gebt mir ein Glas Branntenwein! – du auch wieder da, Moritz? Ich dachte, dich woanders wiederzusehen – Gebt mir doch ein Glas Branntenwein! meine Knochen fallen auseinander – o mein Hauptmann! Wo ist mein Hauptmann?
45   [...]
Schweizer Es war ein Spaß, der sich hören lässt. Wir hatten den Tag vorher durch unsre Spionen Wind gekriegt, der Roller liege tüchtig im Salz, und wenn der Himmel nicht bei Zeit noch einfallen wollte, so werde er morgen am Tag – das war heut – den Weg alles Fleisches gehen müssen – Auf!, sagt' der Hauptmann, was wiegt ein Freund nicht? [...]
50   Wir passten die Zeit ab, bis die Passagen leer waren. Die ganze Stadt zog dem Spektakel nach, Reiter und Fußgänger durcheinander und Wagen, der Lärm und der Galgenpsalm johlten weit. Jetzt, sagt' der Hauptmann, brennt an, brennt an! Die Kerl flogen wie Pfeile, steckten die Stadt an dreiunddreißig Ecken zumal in Brand, warfen feurige Lunten in die Nähe des Pulverturms, in Kirchen und
55   Scheunen – Mordbleu! es war keine Viertelstunde vergangen, der Nordostwind, der auch seinen Zahn auf die Stadt haben muss, kam uns trefflich zustatten und half die Flamme bis hinauf in die obersten Giebel jagen. Wir indes Gasse auf Gasse nieder, wie Furien – Feuerjo! Feuerjo! durch die ganze Stadt – Geheul – Ge-
60   schrei – Gepolter – fangen an die Brandglocken zu brummen, knallt der Pulver-

turm in die Luft, als wär die Erde mitten entzwei geborsten, und der Himmel zerplatzt, und die Hölle zehntausend Klafter tief versunken.

Einer von der Bande Ich hab mich während des Durcheinanders in die Stephanskirche geschlichen und die Borten vom Altartuch abgetrennt; der liebe Gott da, 65 sagt' ich, ist ein reicher Mann und kann ja Goldfäden aus einem Batzenstrick machen.

Schweizer Du hast wohl getan – was soll auch der Plunder in einer Kirche? Sie tragen's dem Schöpfer zu, der über den Trödelkram lachet, und seine Geschöpfe dürfen verhungern. – Und du, Spangeler – wo hast du dein Netz ausgeworfen?

70 **Ein Zweiter** Ich und Bügel haben einen Kaufladen geplündert und bringen Zeug für unser fünfzig mit.

Ein Dritter Zwei goldene Sackuhren habe ich weggebixt und ein Dutzend silberne Löffel dazu.

Schweizer Gut, gut. Und wir haben ihnen eins angerichtet, dran sie vierzehn Tage 75 werden zu löschen haben. Wenn sie dem Feuer wehren wollen, so müssen sie die Stadt durch Wasser ruinieren – Weißt du nicht, Schufterle, wie viel es Tote gesetzt hat?

Schufterl Dreiundachtzig, sagt man. Der Turm allein hat ihrer sechzig zu Staub zerschmettert.

80 **Räuber Moor** *sehr ernst* Roller, du bist teuer bezahlt. [...] Oh der armen Gewürme! Kranke, sagst du, Greise und Kinder? [...] Hier entsag ich dem frechen Plan, gehe, mich in irgendeine Kluft der Erde zu verkriechen, wo der Tag vor meiner Schande zurücktritt. *Er will fliehen.*

Räuber *eilig* Sieh dich vor, Hauptmann! Es spukt! Ganze Haufen böhmischer Reiter 85 schwadronieren um Holz herum – der höllische Blaustrumpf muss ihnen verträtscht haben.

Neue Räuber Hauptmann, Hauptmann! Sie haben uns die Spur abgelauert – rings ziehen ihre etliche tausend einen Kordon um den mittlern Wald.

7 Weise nach, dass der von dir gelesene Dramenauszug der Epoche des Sturm und Drang zugeordnet werden kann. Notiere zu jedem Epochenmerkmal ein Beispiel aus dem Text. Schreibe mit eigenen Worten.

Epochenmerkmal	Textbeispiel
Genie, das sich seine Regeln und Gesetze selbst schafft	
keine Einheit von Ort, Zeit und Handlung	
turbulente Handlung mit Massenszenen	
Hauptpersonen als „Kraftkerle", die nicht zögern, gegen die Welt anzurennen	
ungebundene und gefühlsbetonte Sprache	

Epochenmerkmale aus lyrischen Texten herausfinden

1 Die Lyrik im Sturm und Drang wurde als Erlebnislyrik bezeichnet.
Erkläre den Begriff mit eigenen Worten. Benutze dabei die folgenden Begriffe.

Persönliches Erleben	Natur- und Liebesgedicht	Gefühle	Volkslied

_____

_____

2 Lies die Texte. Welche unterschiedlichen Gefühle drücken beide Gedichte aus?
Schreibe in Stichpunkten jeweils unter den Text.

Johann Wolfgang von Goethe schrieb seine schönsten Liebesgedichte für
Friederike Brion. Er lernte sie während seines Studiums 1770 in Straßburg kennen.
Die Beziehung zu der Seesenheimer Pfarrerstochter dauerte eineinhalb Jahre.
Da Goethe sich nicht binden wollte, beendete er die Beziehung, ohne sich von dem
Mädchen zu verabschieden. Für sie war der Abschied sehr schmerzvoll.

Johann Wolfgang von Goethe
(1749–1832)

Ob ich dich liebe, weiß ich nicht.
Seh' ich nur einmal dein Gesicht,
Seh' dir ins Auge nur einmal,
Frei wird mein Herz von aller Qual.
5 Gott weiß, wie mir so wohl geschieht!
Ob ich dich liebe, weiß ich nicht.

_____

_____

_____

Johann Wolfgang von Goethe
(1749–1832)

Balde seh ich Rickgen wieder
Balde umarm ich sie
Munter tanzten meine Lieder
Nach der süssten Melodie

5 Ach wie schön hat's mir geklungen
Wenn sie meine Lieder sang
Lange hab ich nicht gesungen
Lange liebe liebe lang

Denn mich ängsten tiefe Schmerzen
10 Wenn mein Mädchen mir entflieht
Und der wahre Gram im Hertzen
Geht nicht über in ein Lied

Doch jetzt sing (ich) und ich habe
Volle Freude süß und rein
15 Ja, ich gäbe diese Gabe
Nicht für alle Klöster Wein.

_____

_____

_____

3 Wähle ein Gedicht aus. Gib den Inhalt mit eigenen Worten wieder. Begründe,
warum es ein Beispiel für Erlebnislyrik ist. Schreibe in dein Heft.

Teste dich selbst!

1 Erstelle einen Steckbrief zum Sturm und Drang.

Sturm und Drang	
Zeitraum	
Textformen	
Autoren	
Werke	
Schlüsselwörter	

2 In einem Brief schreibt Friedrich Schiller folgenden Ausspruch:

„Die schönsten Träume von Freiheit werden im Kerker geträumt."

Wie verstehst du diese Aussage? Kreuze an.

Aussage	richtig	falsch
Man lernt die Freiheit zu schätzen, wenn man sie verloren hat.	☐	☐
Man lernt ertragen, was man nicht ändern kann.	☐	☐
Frei kann nur sein, wer schon einmal gefangen war.	☐	☐
Man erkennt den Wert einer Sache oft erst, wenn man sie verloren hat.	☐	☐

3 Entscheide, ob die folgenden Aussagen wahr oder falsch sind.

Aussage	richtig	falsch
Der Roman war das bevorzugte Textgenre im Sturm und Drang.	☐	☐
In der Erlebnislyrik konnten die Dichter ihre persönlichen Gefühle zum Ausdruck bringen.	☐	☐
Die Vertreter des Sturm und Drang unterstützten den Machtanspruch von Adel und Kirche.	☐	☐
Das Gefühl wurde in dieser Epoche höher gestellt als die Vernunft.	☐	☐